国企党建十一讲

基层党建价值创造探寻

李作兵 魏胜启 刘　玮 著

中国出版集团
研究出版社

图书在版编目（CIP）数据

国企党建十一讲 / 李作兵，魏胜启，刘玮著. -- 北京：研究出版社，2021.12
ISBN 978-7-5199-1136-2

Ⅰ. ①国… Ⅱ. ①李… ②魏… ③刘… Ⅲ. ①中国共产党－国有企业－党的建设－研究 Ⅳ. ① D267.1

中国版本图书馆 CIP 数据核字（2021）第 253198 号

出 品 人：赵卜慧
责任编辑：寇颖丹　范存刚
助理编辑：朱唯唯　何雨格

国企党建十一讲

GUOQI DANGJIAN SHIYI JIANG

李作兵　魏胜启　刘　玮　著

研究出版社 出版发行
（100011　北京市朝阳区安华里 504 号 A 座）
北京中科印刷有限公司印刷　新华书店经销
2021 年 12 月第 1 版　2021 年 12 月北京第 1 次印刷
开本：710 毫米 × 1000 毫米　1/16　印张：17
字数：210 千字
ISBN 978－7－5199－1136－2　定价：78.00 元
邮购地址 100011　北京市朝阳区安华里 504 号 A 座
电话（010）64217619　64217612（发行中心）

2021年，中国共产党成立100周年。党中央在全党开展党史学习教育，要求全党学史明理、学史增信、学史崇德、学史力行，从党的百年伟大奋斗历程中汲取继续前进的智慧和力量。我们编撰本书，意在梳理国有企业党建工作的理论逻辑和发展规律，知史鉴行，坚定信念，为国有企业践行“六个力量”提供党建引领借鉴。

2021年，“十四五”开局之年。在“两个一百年”历史交汇点上，党中央将“十四五”规划与2035年远景目标统筹考虑，指引全面建设社会主义现代化国家开好局、起好步。我们编撰本书，意在回顾国有企业党建工作的实践探索和成功经验，知史鉴行，循正而行，为做强做优做大国有资本和国有企业提供党建保障参考。

2021年，国企党建工作会议召开五周年。习近平总书记在2016年全国国有企业党的建设工作会议上的重要讲话，为开创国有企业改革发展和党的建设新局面提供了根本遵循和行动指南。我们编撰本书，意在总结国有企业党建工作的根本性转变和系统性重塑，知史鉴行，创造价值，为推动国有企业高质量发展提供党建实践经验。

序　一

用党建价值回答时代之问

历史车轮向前，时代潮流浩荡。当岁月的指针指向又一个“关键时间”，我们站上新的历史关口、踏上新的漫长征程。这个“关键时间”，就是“两个一百年”奋斗目标的历史交汇点。

从党的百年奋斗重大成就和历史经验中汲取智慧与力量，历经了五年来对全国国有企业党的建设工作会议精神全神贯注的贯彻与践行，透视着长期以来国有企业党建工作的创新与探索，李作兵带领一批党建骨干合著的《国企党建十一讲》付梓出版，这是国企党建理论界的大事、喜事、实事和新事。

当今世界，发生着深刻变化，正经历百年未有之大变局；当代中国，创造着发展奇迹，正迈向高质量发展阶段；当前国企，面临着机遇挑战，正向着世界一流目标转型升级。

雁飞南北靠头雁，船行千里靠舵手。党是我们各项事业发展的领导核心，坚持和加强党的集中统一领导，是做好国有企业各项工作的根本保证。在改革发展新征程上，国有企业必须提高党领导企业改革发展工作的能力和水平，把党建引领贯穿到国有企业发展的各方面、各环节，确保国有企业始终沿着正确方向持续前进、行稳致远。

那么，如何进一步加强和改进新时代国有企业党的建设？如何真正发挥国有企业党组织把方向、管大局、保落实作用？如何有效推动国有企业党建与业务工作深度融合？如何切实以高质量党建引领企业高质量发展？这是时代给国有企业党组织提出的问题，也是实践给国有企业党组织提出的课题。

在《国企党建十一讲》中，我们可以找到明确的答案，那就是：创造令人振奋的党建价值，激发出引领国有企业前行的导向力、推动国有企业发展的驱动力，为做强做优做大国有企业提供坚强政治保障。

客观地说，当前一些国有企业的党建工作成效不大，一些国有企业的党务工作者作为不足。为什么？在走访了300余家国有企业后，我发现，国有企业党建工作客观存在“就党建抓党建”现象，点上成效多，面上不系统，没有系统厘清党建工作在促进和保障企业改革发展过程中的独特优势。少数党组织和党员干部抓党建工作意识淡薄，存在“重业务轻党建”的现象；少数党组织和党员干部服务职工群众能力不足，在凝心聚力、汇聚共识上存在差距；少数基层党组织党建工作“缺位”，与中心工作“两张皮”，导致党建工作发挥不出作用。这些问题，在一定程度上削弱了企业党建工作的价值创造能力，久而久之这些企业的党建工作者就可有可无、泯然众人、地位不在了。

当然，大部分国有企业的党建工作做得非常好，这是有目共睹的，也得到了社会各界的广泛认同。当前，中央对国有企业党建工作高度重视，国有企业党建工作必将大有可为、潜力无限。国有企业应转变思维，奋发进取，着力于创造“党建价值”，用党建价值回答时代之问。

国有企业创造党建价值，要通过党建工作与企业治理的无缝对接、与生产经营的深度融合，优化党建资源和企业资源的配置效率，形成企业价值链，凝成党建生产力，铸成发展方向盘。党建价值创造既是一种导向、一种路径、一种能力，更是凝聚职工群众、共推企业发展的出发点和落脚点。党建价值创造的本质和原点是“人”，通过强化“人”的思想和行为来体现，更加注重化学反应，推动党建工作从有形覆盖向有效覆盖、从习惯养成向内心自觉的转化，从而持续创造出党建工作的政治价值、经济价值和文化价值。

党建工作的政治价值，在于确保党和国家重要方针政策、重大决策部署在国有企业不折不扣贯彻执行，不偏离路径，不迷失方向，为建设世界一流的社会主义国有经济体系提供正确引领。

党建工作的经济价值，要通过党建工作深度融合，让经营业绩来体现党组织战斗力；通过“三重一大”决策机制，让企业发展战略更加科学，最终增强企业竞争力、创新力、控制力、影响力和抗风险能力。

党建工作的文化价值，要传承红色基因，用党建逻辑打造符合现代企业发展方向、具有鲜明时代特征和企业特色的企业文化，打造“百年企业”的金字招牌；切实履行社会责任，确保国有企业始终成为促进社会发展、保障和改善民生的重要力量，引领社会文化进步。

李作兵、魏胜启、刘玮3位同志都是国有企业党建工作的优秀管理者、深入实践者和长期研究者，具有深厚的理论积淀和高超的实操水平。他们在《国企党建十一讲》中提出的党建价值认识重构、党建价值构建基础、党建价值实践载体、党建价值辐射拓展等理论，对国有企业党建工作具有重要的参考价值和借鉴意义。

惟希望也，故进取；惟进取也，故日新。人类社会每前进一步，都离不开思想力量的牵引；时代浪潮每递进一波，都离不开价值创造的驱动。思想之翼越是舒展，精神财富的源泉就越涌流；价值之力越是汇聚，物质财富的缔造就越澎湃。如今，全面建设社会主义现代化国家的鼓点已经敲响，作为中国特色社会主义重要物质基础和政治基础的国有企业，必须提高政治站位，强化责任担当，激发蓬勃力量，着力提高发展牵引力、思想驱动力、组织凝聚力、核心竞争力，用党建价值回答时代之问，不断开创国有企业党建工作新局面，书写出更加美好的华章。

是为序。

曾鸿钧

2021年11月8日于北京寓所

序　二

历史的路在我们脚下延伸。

自国有企业诞生之日起，国有企业党的建设工作便伴随着企业的发展壮大，走上了一条迤逦绵延、迂回曲折的道路。

2021年，是中国共产党成立100周年，是“十四五”开局之年，也是国企党建工作会议召开五周年。习近平总书记在2016年全国国有企业党的建设工作会议上的重要讲话，为开创国有企业改革发展和党的建设新局面提供了根本遵循和行动指南。

五年来，国有企业深刻把握习近平总书记在国企党建工作会议上重要讲话的思想精髓，始终围绕国企党建是什么、为什么抓、怎么抓三个时代课题和现实命题，扎实推动新时代国有企业党建工作的创新与实践。大量工作探索与实践证明：国有企业党建做实了就是生产力，做细了就是凝聚力，做强了就是竞争力。我们必须以“有意义、有实效、有价值”为标准来考量、评价党建工作，才能提升党建价值创造能力；必须坚持“业务上的成效从党建上总结经验，业务上的差距从党建上查找原因”，才能深度推进党建融合，发挥党建统领的强大作用。

在肯定成效的同时我们也要看到，尽管国有企业在坚持党的领导、加强党的建设方面做了大量卓有成效的实践与探索，基本解决了弱化、虚化、淡化、边缘化的问题，但部分国有企业党建工作还存在着一些想抓不会抓、抓了落不实等问题。有的企业党务工作者用党的创新理论武装头脑不够，对新时代党的建设规律认识不足、研究不透、把握不准，党建业务能力、工作方法与新形势、新任务不相适应，不能有效运用党建理论指导工作实践。

针对上述问题，本书从理论、制度、实践三个层面给出了破解答案，书里每一个部分、每一种解读、每一个案例，都凝聚着对党的创新理论的方法思考和实践探寻。**在理论高度上，**深学深思习近平总书记关于国有企业党的建设的重要论述，确保与党的基本理论、基本路线、基本纲领和基本经验相统一；**在实践深度上，**坚持理论联系实际，体现党的先进理论在基层国有企业的落地落细落实，以实实在在的工作印证党的理论的先进性和时代性；**在时代宽度上，**坚持问题导向、目标导向、价值导向，思考延伸下一步党建工作的思路构想，为国企党建持续登高、创造价值提供实践指导。

在整体结构上，本书分为价值源泉、价值流动、价值滋养三个主体部分，分别对应政治价值、经济价值、文化价值三个价值定位。价值源泉，以关键少数、基层组织和党员队伍三个部分，阐述国有企业如何加强党的自身建设，厚植政治生态，创造政治价值。价值流动，以党建与生产经营融合路径方法为总论，分思想流动、载体流动、数据流动、信息流动四个方面，阐述党建工作如何在生产经营中发挥作用，创造经济价值。价值滋养，围绕落实全国宣传思想工作会议、中央党的群团工作会议精神，从文化、群建、团建、志愿服务四个方面，阐述如何通过党建凝聚激励队伍，创造文化价值。

在内容布局上，本书将每一章节按照“路径—方法—案例”结构划分为三个部分，旨在增强阅读层次感、纵深感，易于读者从理论到实践的系统化掌握，从领导层到执行层的分众化阅读。**路径部分（谋之有道）**，重工作思考，主要针对问题困惑，就“干什么”的问题，从路径谋划上给读者以启发。**方法部分（参之有据）**，重工作依据，主要内容从党的各项条例、规定、制度而来，就“怎么干”的问题，从方式方法上给读者以参照。**案例部分（行之有效）**，重工作实践，主要以实践案例为主，就“如何干出彩”的问题，从实践实效上给读者以借鉴。

本书以习近平总书记关于国有企业党的建设的重要论述为根本遵循，以国网潍坊供电公司的探索实践为基础，吸收借鉴部分先进国有企业的成功经验，针对国有企业党建重点工作领域梳理总结而成。当然，国企党建并不仅仅是书中记录的这些内容，一些思考和观点也仅是一家之言，有的工作创新也并不是唯一正确的方法和路径。真诚欢迎广大读者对我们多提宝贵意见和建议，我们愿与国有企业党建同人一道，在实现第二个百年奋斗目标新征程上，共同谱写新时代国有企业党建工作崭新篇章。

目 录

路漫漫其修远兮，
吾将上下而求索。

国有企业作为中国特色社会主义的重要物质基础和政治基础，是中国共产党执政兴国的重要支柱和依靠力量。中华人民共和国成立特别是改革开放以来，国有企业的发展取得了巨大成就，为我国经济社会发展、科技进步、国防建设、民生改善作出了历史性贡献。与之相生相伴，国企党建也不断完善与强化，成为国有企业的“根”和“魂”，深深融入国有企业的血脉基因之中。

序章
PROLOGUE

价值觉醒
——党建价值的认识重构

当前，中国特色社会主义进入新时代，如何改进国有企业党的建设，使其真正地创造价值，成为摆在我们面前的重要课题。作为国有企业的党建工作者，能否在思想上认识价值、理念上定位价值、行动中实现价值，对于能否搞好国有企业党建工作至关重要。

时代的呼唤、中央的部署，迫切需要我们守住初心，正本清源，回归价值，觉悟觉醒。

一、认识党建价值

习近平总书记在全国国有企业党的建设工作会议上明确指出：党对国有企业的领导是政治领导、思想领导、组织领导的有机统一。国有企业党组织发挥领导核心和政治核心作用，归结到一点，就是把方向、管大局、保落实。换言之，从战略制定到具体落实，党建工作贯穿国企发展与管理的全过程，并具有决定性作用。这是我们国有企业党建价值判断的根本遵循。

党的十八大以来，特别是全国国有企业党的建设工作会议召开以来，国有企业对党建的重视力度达到了前所未有的新高度，取得了一系列成就，但在国企基层党建工作中，仍然存在思想认知、行为导向和方式方法三个层面的问题，导致党建工作未能发挥其应有的作用。

首先是思想认知层面。不明白党建核心优势所在，表现为被动应付地完成党务工作，不重实效，简单化、形式化、机械化、文牍化，把党建干成了负担。部分党务工作者认识有局限，认为抓党建就是抓党务，谋划党建仅仅局限于党务，考核党建仅仅盯着党务，没有发挥党建对企业生产经营的指导作用。由此可见，没有高站位、深理解，抓党建就是应付差事。

其次是行为导向层面。表现为只会喊口号、摆花架子、形式主义、功利主义。党建要发挥价值，需要全面融入生产经营，这是一项任重而道远的工作。如果党建工作者导向缺失，在实际工作中，不以创造价值为宗旨，就会避重就轻、做表面文章，只是将一些生产经营工作与党建工作生拉硬扯放到一起，把党建工作和业务工作干成“两张皮”。

最后是方式方法层面。不知道如何抓党建，表现为墨守成规，不敢创新，不与时俱进，工作方法缺失，工作效果差。在实践中，有的党务工作者工作方法不科学，导致出力不讨好，员工不接受，上级不肯定；有的党务工作者虽然下了不少功夫，但照本宣科，脱离实际，用心不走心，谋事不成事；有的党务工作者面面俱到，眉毛胡子一把抓，往往捡了芝麻丢了西瓜；等等。这一切都造成了企业人力的损失，却没有产生任何价值，自然变成了企业的管理“成本”。

要认识党建价值，首先就要走出误区、破除假象，让党建对企业的价值清晰显现。

1. 党建是优势，不是负担

党建是国有企业的独特政治资源，是企业核心竞争力的有机组成部分，是实现企业科学发展的关键因素，也是建立中国特色现代企业制度的一个本质特征。把党建工作当成一种负担，干得心不在焉，效果必然不尽如人意。主动而为才能有大作为。

做好国有企业党建工作，能够使企业具备政治优势、组织优势、人才优势和群众工作优势。党建工作通过融入企业治理体系，能够起到把方向、管大局、保落实的重要作用；通过党的组织覆盖和工作覆盖，能够有效提升企业的组织力和执行力；通过加强党员队伍建设，增强党员的理想信念和使命感，能够打造企业发展的中坚力量；通过加强群团组织建设，能够进一步密切与群众的联系，增强员工归属感和向心力。

国有企业应该充分发挥其特有的党建优势，并积极将这一优势转化为企业的竞争优势、创新优势和科学发展优势。

延伸阅读

把忠诚镌刻在“国家名片”上

中国中车长春轨道客车股份有限公司高速动车组制造中心装配二车间通过发挥党建优势，把对党忠诚转化为产业报国的生动实践。

高速动车组制造中心装配二车间主要负责高铁动车电气布线等十一大工序。在2015年习近平总书记考察公司并作出重要指示后，车间党支部引导员工筑牢理想信念、练就过硬本领、展现责任担当，切实把习近平总书记重要指示精神转化为全体员工投身高铁事业的自觉行动。

用理想信念镌刻忠诚。车间支部“找准思想聚焦点，明确行为发力点，选好载体切入点”，牢牢把握习近平总书记一系列重要讲话的内涵与实质，明确把坚定地树立和践行名片意识、中坚意识、领跑意识、奋斗意识作为理想信念教育的主攻方向，也作为车间开展各项工作的主基调。在明确行为发力点上，党支部组织全体党员开展大讨论，从政治、执行纪律、品德、发挥作用等方面细化了合格党员标准，让一线党员清楚“脚往哪儿迈”“劲儿往哪儿使”。

用过硬本领镌刻忠诚。车间党支部以“三抓一评选”系统化地促进员工提升本领。在抓职业技能的提升上，把“新时代高铁先锋训练营”作为主阵地；在抓职业操守的养成上，把“一口清”作为突破口；在抓职业追求的树立上，把典型引路作为着眼点。开展“星级员工”评选，以质量、安全生产、劳动纪律等行为要素为评分项，对员工进行星级评价，产生了一批高铁工匠。2015年以来，车间共输出经济技术创新成果223项，全员创新参与率达到90%。

用责任担当镌刻忠诚。党支部大力开展“三亮”活动，引导党员做到平时看得出来，关键时刻站得出来。在“一名党员一面旗帜”的感召和影响下，“复兴号”中国标准动车组预组装配交检合格率达到100%。

——摘自《基层党组织书记案例选编（国企版）》

2. 党建既有政治功能，也有管理功能

提起国有企业的党建工作，大家的第一印象便是其政治功能，而党建工作的管理功能却被忽视了，这是导向偏离的问题。

实际上党建既有其政治功能，也有其管理功能，如果党建充分发挥管理功能，对企业的发展会产生极大的促进作用。

企业管理的核心是人，党建工作的核心也是人，二者之间联系紧密。从企业管理角度来看党建，党委中心组理论学习、民主生活会就是企业领导力管理，民主集中制、“三重一大”决策就是企业决策管理，思想政治工作、企业文化就是价值观管理，干部和党员队伍建设就是企业人力资源管理，党风廉政建设和反腐败工作就是企业内控管理……对企业管理来讲，业务条线管理是刚性、显性的，那么党建工作就是柔性、隐性的，二者应相辅相成，共同成为中国特色国有企业管理的重要组成部分。

延伸阅读

“捍卫核安全文化”，人人都是一道屏障

核安全是核电企业的安身之本。身处在核电这样一个安全至上的特殊行业，中国广核集团福建宁德核电有限公司党委牢牢抓住“人”这一关键因素，以核安全文化铸魂，用核安全技能强身，重核安全管理践行，通过管理者的承诺和示范、骨干的辐射和渗透、全体员工的参与和贡献，形成了彼此呼应、相互关联、统一态度、统一认知的核安全屏障，保障了核电机组的安全运行。

立心铸魂，擦亮“人人敬畏核安全”的精神底色。“核安全高于一切”，宁德核电有限公司党委讲传承、重示范、抓监督，推动核安全文化在员工队伍中入脑入心，指导实践。

强筋壮骨，增强“人人守护核安全”的能力底气。中广核宁德核电站奉行“培养人而不仅仅是培训人”的原则，公司党委围绕员工职业发展规划，制定了全面的岗位培训大纲，建立了初训、复训、轮训的培训机制，强调全面学习、终身学习，实行逐年逐级学习提升计划，培养和造就了一大批工匠。

照亮生活，提升“人人共享核安全”的文化底蕴。中广核宁德核电站始终把确保核电安全作为讲政治的具体体现，持续强化核安全文化，努力营造共建共享的良好氛围。公司党委坚持从实际出发，以核电站为支点，构建了企业与员工共进、与地方共赢、与环境共融的文化共同体，形成人人守护核安全、人人共享核安全的生活方式。

宁德核电站4台机组建成投产以来，年发电量约322亿度，与同等规模的燃煤电站相比，相当于减少二氧化碳排放约2602万吨，相当于造林7.3万公顷，发挥了核电清洁能源优势，为建设美丽中国作出了贡献。

核安全是核电企业的生命线。中广核宁德核电公司党委紧紧抓住核安全文化中“人”这一关键因素，把核安全文化贯穿公司改革发展的各方面、全过程，构筑起“每人都是一道屏障、团队就是一个堡垒”的文化氛围，员工队伍的法治意识、忧患意识、自律意识、协作意识已经融入血脉、深入人心，“敬畏核安全、守护核安全、共享核安全”的文化理念在宁德核电落地生根、开花结果。

——摘自《基层党组织书记案例选编（国企版）》

3. 党建是资产，不是成本

如果一定要把党建列入企业财务报表，那么党组织应是企业的宝贵“资产”，但在部分企业中，却成了增加负担的“成本”，这主要是陷入了“方法缺失”的误区。

实际上，党建和企业生产经营的目标是一致的，都是为了促进企业发展；工作对象也具有一致性，面对的都是企业最核心的要素——人。党建在企业生产经营中，引导员工的思想和行为，发挥强根铸魂、凝聚人心、鼓舞士气的作用。党建工作融入生产经营越紧密，组织和员工的思想和行为就越正向。从这个意义上讲，解决好方式方法问题，党组织领导力越强，党建作用发挥越充分，员工的积极性和创造性就越高，为企业创造的价值就越高。

延伸阅读

特锐德的“红色引擎”——生态党建

青岛特锐德电气股份有限公司成立仅13年时间，公司销售规模就翻了877倍，总资产翻了1000倍，成就的取得，很大程度上归功于企业党建。特锐德提出“生态党建”的理念，即通过共同的信仰凝聚人、共同的价值引领人、共同的成就感染人，打造“命运共同体”，培养“利他哲学观”，营造“党员幸福感”，将企业、社会、家庭、党员和群众联系在一起，实现信仰、使命、思想、文化、行为的融合，打造企业与党建工作的共荣共生、协同发展的生态体系。

1. 命运共同体

思想融合，打造信仰共同体。依靠“党员初心墙”“理想需求调查”“弘扬四正”等措施，纯洁党员队伍，筑起拒腐防变的牢固长城，建立起信仰共同体。

团队熔炼，成就事业共同体。特锐德在校园招聘中，优先选用党员，在技术及管理岗位中，党员比例高达67%。特锐德通过党员“铁匠铺”熔炼，将他们打造成一支凝聚力高、战斗力强、高素质、高绩效、勇于担当的团队。

党委特色“三会”，结成思想共同体。特锐德通过党委组织高层民主生活会、中层反思会、全员分享会，进行批评与自我批评，消除员工心中的隔阂，结成思想共同体。

2. 利他哲学观

“利他思维”是党全心全意为人民服务的重要体现，特锐德将“利他思维”植入每位党员的大脑中，始终坚持党员为群众服务、员工为客户服务，企业为社会贡献的“利他”原则，形成了一条他人温暖、个人进步、客户满意、企业发展、社会受益的“利他”生态链。

贡献行业。特锐德将16项充电安全核心技术专利对行业无偿公开，承担节能环保社会责任，打造包含充电生态网和多能生态网在内的生态平台，促进了行业的健康发展。

客户至上。特锐德秉承“客户至上”的利他价值观，在实现利他的同时，提升自我，实现人生价值。在企业内倡导“结对三人行，利他三件事”，每个党员要与身边两个群众结成对子，激励党员密切联系群众，做好服务支持工作。

模范带头，攻坚克难。在特锐德的发展过程中，党员起到了重要的模范带头作用。无论是创业团队组建、青藏铁路项目，还是后来的特锐德上市、重大技术创新，都是由党员组建攻坚小组，完成一个个看似不可能完成的任务。

星星之火，可以燎原。在特锐德总部一楼展厅，密密麻麻写满了党员践行“利他哲学观”而作出的有利于国家、有利于集体、有利于他人的事迹。

3. 党员幸福感

特锐德倡导党员模范带头、多付出、多贡献，同时也注重打造党员幸福感。

“拥有事业大舞台”：公司坚持将企业的发展与员工个人的发展紧密结合，让每一位高素质、高能力、有梦想、有追求的员工都能在工作中充分发挥自己的特长；同时，特锐德大学也给予员工成长和学习的平台。

"我是企业合伙人"：公司搭建企业合伙人平台，通过员工持股计划让优秀的党员、优秀的员工享受企业发展的红利，做了企业的主人，成为命运合伙人。

"成家立业享幸福"：公司定期举办"幸福1+1"相亲会，联合企事业单位牵头为单身员工牵线搭桥；定期筹办集体婚礼，为员工操办婚事；为员工提供无息贷款、分期还款业务，协助员工成家立业。

"孝心工资月月领"：公司注重党员家庭的幸福，为了帮助员工赡养父母，特锐德党委启动"亲情孝心工资"暖心工程，开通亲情孝心工资卡，并直接交到每一位员工的父母手上。

从创业初期的攻坚克难到日常的团队建设，从党员发挥模范带头作用到党员引领创新，从践行利他哲学观到以人为本提升员工幸福感，特锐德的党建与公司的生产经营及企业文化水乳交融、密不可分，形成了共荣共生、相互依存的生态，特锐德的生态党建已经成为企业发展的"红色引擎"。

——摘自新华网

我们辨析清楚优势和负担、政治和管理、资产和成本这三组问题，自然就会认识到党建工作在国企管理中的价值所在。作为国企的独特优势，要让党建工作成为"出鞘之剑"，助力企业披荆斩棘；而不是成为"匣中之剑"，空耗存储之力。这就要求党建工作者有手握神兵利器的自觉，以创造价值为出发点和落脚点开展工作，与企业发展相互成就，做实事，出实绩。

二、定位党建价值

明确党建工作的误区之后，那么到底什么是国企党建的真正价值呢？我们可以从“党对国有企业的全面领导”这个源头出发，理顺国企党建价值的内在逻辑。

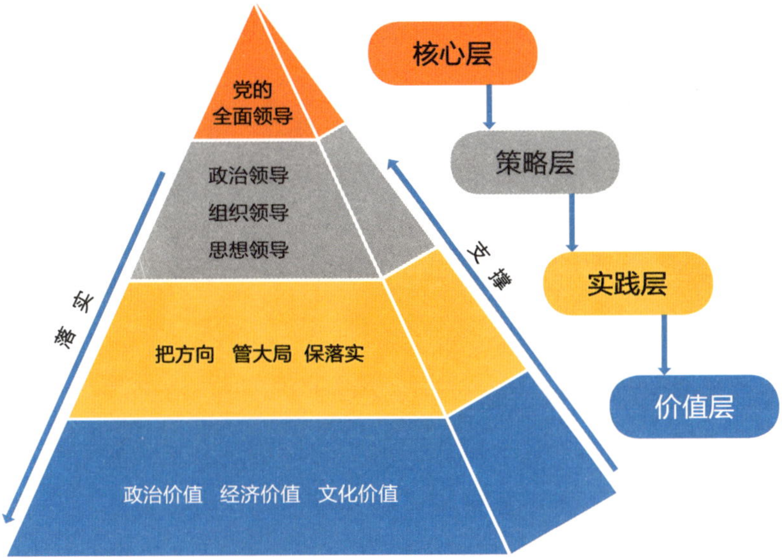

如上图所示，国企党建价值的实现在内部逻辑上分为4个层级。

核心层。价值创造的核心是党对国有企业的全面领导。

策略层。政治领导、组织领导和思想领导是对“党的全面领导”的具体化，也是我们工作中的行动指南。

实践层。政治领导、组织领导和思想领导要通过把方向、管大局、保落实去实现，这是实践的路径和渠道。

价值层。通过具体的工作实践，实现国企党建的政治价值、经济价值和文化价值，这既是国企党建价值创造的成果，也是工作的努力方向和衡量标准。

策略层、实践层、价值层三者之间，实际上是工作方向、工作路径和工作成果的关系，既层层递进，又相互支撑，构成了一个科学的有机体系，共同实现党对国有企业的全面领导。

国有企业党建工作的价值，集中体现在它的政治价值、经济价值、文化价值上。政治价值、经济价值、文化价值三者之间，不是完全孤立的，而是相互渗透、相互融合、相互促进的。

1. 政治价值

国企姓党。国有企业作为中国特色社会主义的重要物质基础和经济基础，必须把政治价值取向摆在国企党建工作的首要位置。创造党建的政治价值，要突出党的政治建设和思想建设，将党的政治优势转化为思想驱动力。

把党的领导作为政治原则。要坚决贯彻“两个一以贯之”毫不动摇，发挥党委把方向、管大局、保落实的作用，立足全局宏观谋划，把握重点微观着力，不折不扣地把党的领导落到实处。要坚持党的建设与企业改革发展同步谋划、党的组织与工作机构同步设置，实现体制对接、机制对接、制度对接、工作对接。

稳固基层党组织政治根基。加强基层党组织建设，要以提升组织力为重点，突出政治功能。把基层党组织建设成为宣传党的主张、贯彻党的决定、领导基层治理、团结动员群众、推动改革发展的坚强战斗堡垒。要坚持教育、管理、监督、服务相结合，加强对党员的教育管理，并把党性教育作为全体党员的必修课，增强党性教育的政治性、实践性、先进性。

坚决守好意识形态主阵地。把思想政治工作贯穿企业管理的各方面、各环节，牢牢把握意识形态领导权和主导权。要坚持党管宣传不动摇，唱响主旋律、坚守主阵地、凝聚正能量、发出好声音，强信心、聚民心、暖人心、筑同心，为企业发展提供思想保证、精神动力和舆论环境。

2. 经济价值

国企强则国家强。国有企业作为经济社会发展的重要支撑力量，党建工作必须牢牢把握经济价值取向，将做强做优做大国有企业、发展壮大国有经济作为重要任务。要完成这一重要任务，需要坚持融入中心、服务大局，推动党建工作与安全生产、经营管理、改革发展同向合力、相融并进，逐步将党的组织优势转化为发展牵引力。

把党的领导融入公司治理。党建工作要把加强党的领导和完善公司治理统一起来，把党的领导融入公司治理各环节，把企业党组织内嵌到公司治理结构之中，明确企业党组织与公司治理结构的权责边界，确保国有企业党委领导作用发挥组织化、制度化、具体化。

让党建与业务深度融合。要以系统思维推动党建工作和业务工作深度融合，围绕企业“价值创造”这个中心和大局，创造性开展党建工作，把党建融入企业产业链、价值链、创新链的各环节各方面，真正为企业生产经营赋能、为企业创新发展护航，促进国有资产保值增值，确保中央经济工作方针和发展战略落实到位。

发挥党员先锋模范作用。党建的作用最终是要体现在党员发挥作用上。要根据企业生产经营业务实际，搭建好党员发挥作用的载体，在重大工程最前线、在急难险重最前沿、为民服务最前端，组建共产党员突击、服务队，设置共产党员责任区、示范岗，常态化开展“三亮三比”活动，让党员发挥作用有平台、建功立业有舞台，真正做到“一个党员一面旗”。

3. 文化价值

国企党建的本质就是做人的工作，为企业强根铸魂、凝心聚力、鼓舞士气，是一种不可忽视的核心竞争力、文化软实力。创造党建的文化价值，要着力增强企业凝聚力。坚持以人为本，全心全意依靠职工群众、关心职工群众，切实增进职工群众的认同感、获得感和成就感，提振精气神，将党的群众工作优势转化为企业凝聚力。

建设企业良好的政治生态。政治生态是党风、政风、公司风气的综合体现，直接决定着企业发展的环境，关系着党的形象和人心向背。国企政治生态的建设要向“延安作风”学习，发挥领导以上率下、身先士卒的作用。各级干部要团结、带头，打造积极向上、分工负责、民主集中的领导合力，形成“跟我干，向我看，让我来”的作风，激励、带动全体员工热衷事业、热忱工作，发挥出最大潜能、最大价值，形成心齐、风正、劲足的发展局面，以高质量党建引领企业高质量发展。

营造企业健康的文化氛围。企业文化是企业所共同认同和遵循的价值观、信念和行为方式，对企业发展影响深刻。国有企业文化建设，要在党建引领下层层推进，把党的思想价值观体系融入企业文化建设的全过程，从企业的优秀传统中提取文化基因，科学引入先进理念，构建企业核心价值观；有效发挥政工部门、共青团等组织的作用，共同参与和推进企业文化在基层有效落地，把企业文化理念中深奥的道理，简化成言简意赅的话语和行动，让职工看有形、听有声、行有为；做好典型引领，将典型树立与党员发挥先锋模范作用结合起来，形成见贤思齐的良好氛围；讲好企业故事，对内凝聚人心，传承企业的优良传统，对外塑造形象，提升企业美誉度，以企业“小文化”影响社会“大文化”。

促进员工的全面发展。人的因素是企业第一要素，企业竞争，就是人才的竞争，而党建的本质就是做人的工作。因此，国企党建工作的关键在于促进员工的全面发展。在当前国企改革不断深化的形势下，必须保障和落实员工当家作主的民主权利，培养员工的主人翁精神，充分发挥员工潜力，使全体员工的心、智、力达到理想状态，形成独一无二的文化价值，促进企业又好、又快地发展。

三、创造党建价值

国有企业党建工作者必须努力作为、开拓创新，创造出令人振奋的党建价值，真正激发出引领国有企业前行的导向力、推动国有企业发展的驱动力，为做强做优做大国有企业提供坚强政治保障。

创造党建价值的主体是高素质的党建工作者。创造党建价值的路径是以价值创造为导向，创新载体，扎实工作，务求实效，推动党建工作与生产经营的深度融合。

1. 价值创造主体

正确的路线确定之后，干部就是决定性因素。西方有一句话非常著名：有一流的军队之前，先有一流的教官；有一流的教官之前，先有一流的人格。党建工作的任务，归根结底就是要铸就一支具有坚定信念、纯粹忠诚的党员队伍。而在此之前，首先是要铸就一批具有坚定信念、纯粹忠诚的领导干部和党建工作者。这样的党建工作者热爱工作、专业专注、善于创新，是创造党建价值的主要力量。

热爱是创造价值的前提。热爱，才会专注学习、倾力研究、忘我工作、持久努力。从事党建工作也是如此。如果将党建工作当作自己不得已承担的任务，从而敷衍应付，就容易感到疲惫烦累，工作也没有效果，从而形成一个消极循环：不愿干—应付—干不好—负面反馈—更不愿干。如果真正热爱这份工作，就会积极研究如何做好它，找到合适的方法，收获良好的成效，形成一个积极循环：热爱——研究——干得好——正面反馈——更愿意干。两种态度，两个闭环，结果天壤之别。

专业是创造价值的关键。所谓工匠精神，就是将一件事执着地做到极致。党建工作者也要具备工匠精神，把党务干到极致，形成专业的直觉、专业的能力、专业的技术以及与众不同的专业气度。专业就是知其然更知其所以然，既要对党建本质、规律、重点有深刻认识，也要对方法、手段应用自如，才能真正解决实际问题。

创新是创造价值的灵魂。基层党建工作具有复杂性、模糊性和不确定性的特点，照抄照搬、墨守成规往往无法产生实效。党建工作者应该在规范、严谨的基础上，勇于摒弃惯性思维，善于探索新思路、新方法，让工作部署和活动安排更接地气，更有实效。例如，僵化的党建工作一般都是“以文件落实文件”；而优秀的党建工作者在接到文件后，会深入研究上级要求的精神实质，思考如何才能更好地融入中心工作，活动怎样开展才能更有吸引力，自然更受党员群众的欢迎。

2. 价值创造路径

一位希腊的哲学家曾经说过：人类的愚蠢在于往往过度注重手段而忽视目的。对于国有企业的党建工作来讲，同样要从这句话中得到警示。国有企业的基层党组织应该开展哪些工作，《中国共产党章程》和《中国共产党国有企业基层组织工作条例（试行）》都规定得非常明确。但是，工作有没有真正创造价值，是需要我们经常反思的问题。

党建工作创造价值就是求实效。只有以“有意义、有实效、有价值”来考量评价党建工作，坚持“业务上的成效从党建上总结经验、业务上的差距从党建上查找原因”，才能深度推进党建融合，发挥党建统领的强大作用。

在实现路径上，要把握国企党建政治价值、经济价值和文化价值的本质，以创造这三种价值为目标，创新工作载体，在实践中找到党建工作与生产经营工作、企业管理工作的结合点，推动党建工作与中心工作深度融合，让党建成为企业生产价值链的“增幅器”，持续创造价值。

党建工作创造政治价值，就要看党和国家的方针政策、决策部署是不是在企业不折不扣地执行。在工作中，要坚持把党的领导嵌入公司治理结构，把握企业发展正确方向；要关注关键群体，通过中心组学习，涵养领导干部的情怀，带动企业的学风；要全面评估基层工作，通过述职评议等方式，不断激发出基层党建的内生动力。

党建工作创造经济价值，就要看是不是推动科学决策、民主决策，提高企业发展质量和效益，不断迈向世界一流。在工作中，要以党建引领发展，坚持企业党建与生产经营任务计划同步下达、同步落实、同步检查、同步考核，全面推动改革发展攻坚突破；要加强党建与生产经营融合，通过“党建+”，促进企业各项工作的开展；要注重先进管理方法和工具的运用，通过智慧党建的建设，为基层减负赋能。

党建工作要创造文化价值，就要看是不是按照党的要求抓班子、带队伍，为企业发展提供强大的精神动力和智力支撑。在工作中，要坚定理想信念，通过思想政治工作，激发广大干部职工干事创业的激情；要提升企业软实力，让优良传统代代传承；要凝聚发展动力，让党员争当先锋模范，员工积极创新创造，心往一处想，力往一处使，共同推动企业的健康快速发展。

理论和实践都充分证明，党的领导和党的建设是国有企业强身健体、持续发展的基因密码，是党建价值的源泉所在。新时代国有企业党建价值创造，就是要发挥好党建引领作用，围绕政治价值、经济价值、文化价值的实现，正确履行党赋予的使命和重托，坚定深化国有企业改革，不断发展壮大国有经济，为党的事业夯实物质基础和政治基础，为实现第二个百年奋斗目标作出新的更大贡献。

延伸阅读

国有企业党委（党组）领导作用

全国国有企业党的建设工作会议指出，国有企业要明确党组织在决策、执行、监督各环节的权责和工作方式，使党组织发挥作用组织化、制度化、具体化。

一、把方向

就是要把“自觉在思想上、政治上、行动上同党中央保持高度一致，坚决贯彻党的理论和路线方针政策，确保企业改革发展的正确方向”的要求具体化。**要把准政治方向，**毫不动摇坚持党的领导，加强党的建设，严守政治纪律，做好意识形态领域工作，坚持全心全意依靠员工办企业，确保企业成为党和国家最可信赖的依靠力量。**要把准发展方向，**坚定不移地走中国特色国有企业发展道路，以服务国家需要、保障经济安全为根本方向，用新发展理念引领发展。**要把准改革方向，**坚持将“三个有利于”作为深化改革的目标指向和检验标准，按照改革部署坚定有序推进，确保改革朝着建立中国特色现代国有企业制度不断迈进。**要把准经营方向，**坚持市场化、国际化、法治化原则，以经济效益为中心，以市场为导向，提高发展的质量，依法合规、诚信经营，在开放合作、互利共赢中提升竞争实力。

二、管大局

就是要把“坚持在大局下行动，议大事，抓重点，加强集体领导，推进科学决策，推动企业全面履行经济责任、政治责任、社会责任”的要求具体化。**要管好重大决策，**明确“三重一大”内容，规范企业各治理主体决策范围，进一步健全议事规则和决策流程，确保科学民主高效决策。**要管好重大责任，**把对党和国家、对企业单位、对员工群众负责，集体责任和“一岗双责”统一起来，确保经济、政治、社会三大责任全面履行到位。**要管好重大风险，**增强风险管控意识，有效化解改革发展、生产经营、安全环保、廉洁从业、意识形态、信访稳定等影响大局的风险，确保大局稳定。**要管好重大协调，**统筹协调好党委与董事会、监事会、经理层的关系，协调好班子成员之间、上下级之间、干群之间的关系，充分调动各方面的积极性。

三、保落实

就是要把“管干部聚人才、建班子带队伍、抓基层打基础，领导群众组织并发挥其作用，凝心聚力完成企业中心工作，把党中央精神和上级部署不折不扣落到实处”的要求具体化。**要确保思想保证落实，**坚持用习近平新时代中国特色社会主义思想武装队伍，深入人心做思想政治工作，尊重关爱员工群众，凝聚干事创业、争创一流的强大力量。**要确保组织保证落实，**配强各级领导班子，用好各级领导干部，充分发挥各级党组织和广大党员干部的作用，打造政治坚强、本领高强、意志顽强的干部队伍。**要确保人才保证落实，**大力实施人才强企工程和行动方案，研究用好人才政策，加大成长成才成果激励力度，提升充满活力、支撑一流的人才实力。**要确保监督保证落实，**坚持全面监督、日常监督、专项监督相结合，构建权威高效、保障一流的监督体系。

——摘自《国企党务工作小全书》

求木之长者，必固其根本；
欲流之远者，必浚其泉源。

中国共产党是中华民族伟大复兴的动力之源。百年以来，在中国共产党的领导下，实现中华民族伟大复兴进入了不可逆转的历史进程。

具体到国有企业中，党的领导要发挥动力之源的作用，使其流动在企业的方方面面，滋养企业的发展，必须依靠卓有成效的党建工作。通过党建工作与企业治理的有效衔接、与生产经营的深度融合，培育企业政治新生态，建立中国特色现代企业制度，让党建成为促进企业发展的原生动力，这是党建的价值所在。

国企姓党，党建工作价值创造首先是政治价值的创造。政治价值体现在坚持党对国有企业的领导不动摇，充分发挥企业党组

第一部分

PART ONE

价值源泉

——党建价值的构建基础

织“把方向、管大局、保落实”的作用。

在党委层面，要坚持以“关键少数”为抓手，不断提高政治站位，增强政治能力，严明政治纪律，形成团结坚强、积极向上、分工负责、民主集中的领导合力。

在组织层面，要坚持一切工作到支部，一切工作靠支部，把支部工作重心聚焦到突出政治功能、发挥堡垒作用、凝聚基层群众、推动企业发展上来，依靠组织行为培育一流执行力。

在党员层面，坚持党员队伍建设这一基础工程，做好党员发展、教育、管理各环节工作，让每一名党员都能发挥先锋模范作用，维护党的光辉形象，推动企业高质量发展。

政治建设是党的根本性建设。国有企业作为中国特色社会主义的重要政治基础，要以党的旗帜为旗帜、以党的方向为方向、以党的意志为意志。作为国有企业“关键少数”的领导班子，讲政治是班子建设的首要任务，这既是国有企业党委发挥“把方向”作用的关键，也是实现党建政治价值的基础和保障。

第一讲

讲政治从关键少数抓起

本讲导读

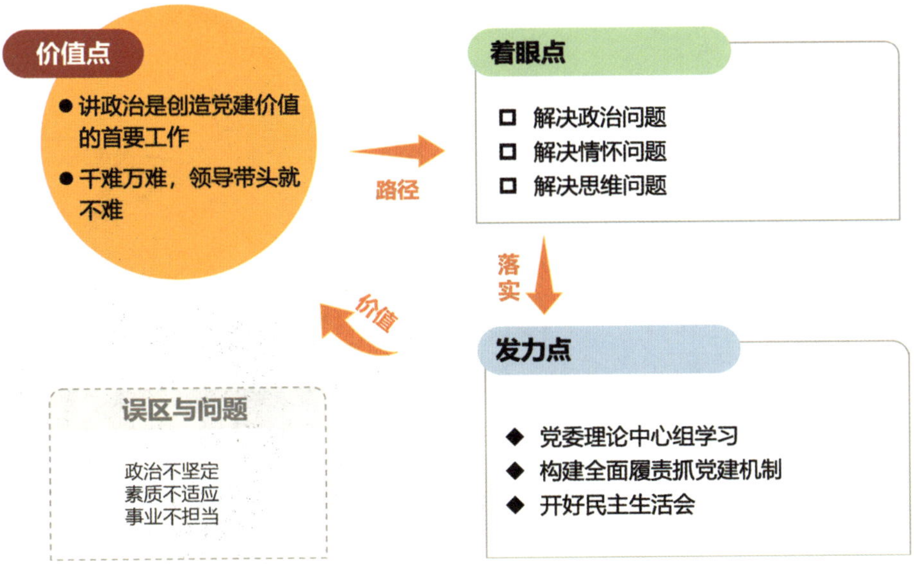

谋之有道

价值分析

国有企业领导人是党在经济领域的执政骨干，是治国理政复合型人才的重要来源，肩负着经营管理国有资产并实现其保值增值的重要责任。“关键少数”只有在常学常新中加强理论修养、在真学真信中坚定理想信念、在学思践悟中牢记初心使命、在细照笃行中不断修炼自我、在知行合一中主动担当作为，才能具备一个领导干部应有的党性和作风。

问题与对策

党的十八大以来，党的政治建设取得明显成效。但也要看到，党内一些不讲政治、忽视和淡化政治的问题还不同程度存在。习近平总书记曾入木三分地给昏官、懒官、庸官、贪官四类人画像，把“不做政治麻木、办事糊涂的昏官”列在第一位，这具有极强的现实针对性。具体到国有企业，一些领导干部对讲政治还存在种种误区：有的认识不到位，觉得讲政治是一种可有可无的软性要求，而不是刚性原则；有的领悟有偏差，觉得政治是务虚、太空泛；有的理解走了样，把政治和经济、政治和业务割裂。诸如此类的模糊观念和错误认识，使这些领导干部很容易成为政治上的糊涂人。

讲政治，不是笼统的、抽象的，从来都是具体的、生动的。列宁曾指出，一个阶级如果不从政治上正确地处理问题，就不能维持它的统治，因而也就不能完成它的生产任务。我们党的奋斗历程表明，讲政治是我们党不断取得胜利，实现从小到大、由弱到强的重要法宝。

国有企业领导干部要准确把握“不断提高政治判断力、政治领悟力、政治执行力”的深刻内涵和实践要求，旗帜鲜明讲政治。“关键少数”先“立”起来、“强”起来、“动”起来，使讲政治具体化、生动化，形成正确的价值取向，解决政治问题、情怀问题、思维问题，并从政治上谋划、部署、推动工作。可以说，讲政治是国有企业永远的必修课，政治建设抓好了，对党的其他建设可以起到纲举目张的作用。

延伸阅读

什么是“关键少数”

“关键少数”一词首次走进公众视线，是在2015年2月2日的省部级主要领导干部学习贯彻党的十八届四中全会精神、全面推进依法治国专题研讨班的开班式上。当时，习近平总书记指出，全面依法治国必须抓住领导干部这个“关键少数”。此后，总书记在多个场合都对“关键少数”提出要求。

对中央政治局，总书记郑重提出，政治局的同志要做政治上的明白人。

对省部级干部，总书记语重心长，要守住底线，层层负责、人人担当。

对县委书记，总书记谆谆教诲，带头清清白白做人、干干净净做事、堂堂正正做官。

对于国有企业而言，各级领导班子就是“关键少数”，从党委班子到基层党支部班子均为“关键少数”。

习近平总书记强调指出，中央委员会成员和省部级主要领导干部必须做到信念过硬、政治过硬、责任过硬、能力过硬、作风过硬。这“五个过硬”充分彰显了我们党勇于进行自我革命、把党建设得更加坚强有力的高度自觉自省自警和自信。这既是对各级领导干部的要求，也是抓好“关键少数”的基本遵循。

——摘自《人民网》

参之有据

抓好党委理论中心组学习

1941年9月26日，中共中央决定成立中央学习组（又称中央研究组），以中央委员为范围，由毛泽东担任组长，王稼祥任副组长，产生了类似于今天的政治局集体学习的机制。根据中央精神，西南学习组、华中局学习组、军事高级学习组等陆续组建，周恩来、刘少奇、朱德等同志分别担任组长，体现出了中央对干部学习以及这项制度的重视。

理论学习的方法有很多，其中非常重要的一种就是参加集体学习，党委理论中心组学习则是主要形式之一。党委理论中心组学习，是建设学习型、服务型、创新型的马克思主义执政党，提高党的执政能力和领导水平的重要途径，是中国共产党一个独特的政治优势。

中心组学习对于企业也具有重要意义，因为“关键少数”的学习事关企业各级党员干部的学习，中心组的学习态度、学习方式、学习效果，直接影响了整个单位的学风。尽管国有企业党委理论中心组制度已坚持多年，但有些企业的中心组学习还是存在着一定问题：有的重视程度不够，敷衍应付；有的学习方法简单，形式枯燥单一；有的以会代学，学习效果不好；有的随意性大，存在学习碎片化、快餐化倾向，学习实效性差。

国有企业党组织必须深刻认识中心组学习的重要作用，在学习质量和效果上做文章、下功夫，重点把握好学习内容、过程和方法3个方面。

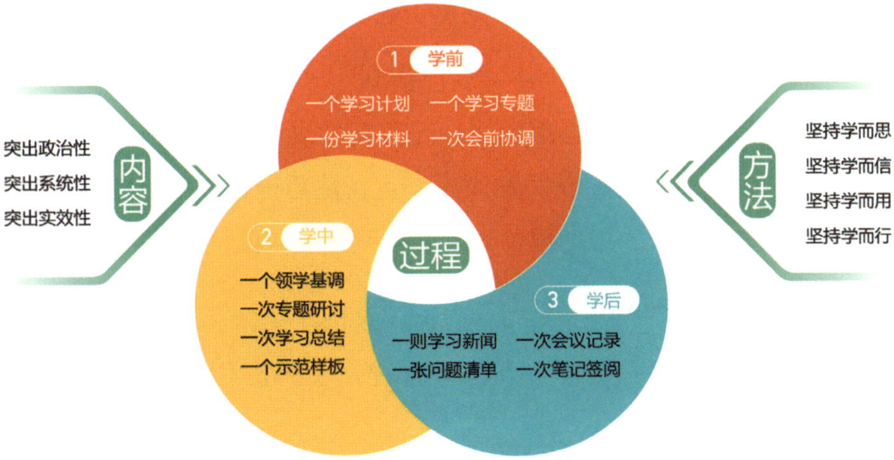

1. 党委理论中心组学什么

2017年中共中央办公厅印发《中国共产党党委（党组）理论学习中

心组学习规则》，对中心组学习的性质和定位作了“四个重要”的鲜明概括，即党委（党组）理论学习中心组学习，是“各级党委（党组）领导班子和领导干部在职理论学习的重要组织形式，是严肃党内政治生活、强化党性修养的重要内容，是加强各级领导班子思想政治建设的重要制度，是建设学习型、服务型、创新型的马克思主义执政党、提高党的执政能力和领导水平的重要途径”。由此可见，中心组学习指向是在职“关键少数”，重点是有组织的集体理论学习，关键是要发挥示范带动和辐射作用，带动企业上下大兴学习之风。

中心组学习内容可以按照“政治性、系统性、实效性”三个原则来把握。

突出政治性。着眼于强化“四个意识”、坚定“四个自信”、做到“两个维护”，以深入学习习近平新时代中国特色社会主义思想为重点，进一步彰显中心组学习作为政治风向标的地位和作用。

突出系统性。中心组学习内容，既要把握理论的整体性和系统性，又要体现变革创新的时代特点，聚焦主题，突出重点，深入浅出，把学习知识、提升思想、转变观念体现到工作实践上。

突出实效性。党委中心组学习，起点在学理论，落脚点在促发展，在安排中心组学习时，要以问题为出发点，注重理论和实践的结合，结合企业当前重点工作，推动理论学习和企业发展实践共同提升。

2. 党委理论中心组怎么学

中心组学习需要在思想上真正重视，学习中态度认真，学出本领，学出成效。

准备充分，做好学前“四个一”。一是制订一个学习计划，每年年初制订党委理论中心组年度学习计划，列出学习时间、内容、方式，为全年学习安排提供总体遵循。二是确定一个学习专题，结合习近平总书记重要讲话、中央及上级党委重大部署、企业重点工作，确定学习专题。三是编印一份学习材料，根据学习专题编制导学概要，引导中心组成员学有方向、学有重点。四是做好一次会前协调，提前下发会议通知，提醒领学人员、研讨发言人员做好资料学习和发言准备。

敢讲会讲，做实学中“四个一”。一是把握一个领学基调，每次学习安排部分中心组成员对学习材料中的重要内容进行领学解读。二是组织一次专题研讨，每次安排部分中心组成员研讨发言。三是开展一次学习总结，由企业党政主要负责人对本次学习情况进行总结点评，进一步明确学习重点方向。四是形成一个示范样板，有条件的企业可通过全程录像或视频会议系统直播，提供给下级示范参照，开展集中学习。

学而时习，做细学后“四个一”。一是发布一则学习新闻，通过企业内部媒体发布。二是完成一次会议记录，学习结束后3天内，中心组学习秘书完成会议情况记录，并由党委书记审核确认。三是梳理一张学习问题清单，将学习研讨过程中产生的问题或需要进一步深入研讨的问题梳理出来，发给中心组成员进一步思考。四是开展一次笔记签阅，党委书记每季度要对中心组成员学习笔记进行签阅，每年可组织进行中心组成员读书笔记展阅点评。

3. 党委理论中心组如何学出成效

抓好抓实中心组学习，首先是对学风的促进，督促党员干部平时学、常态学、自觉学，培养良好的学风。其次是示范带动作用，通过观摩中心组学习，让党员干部知道学什么、怎么学，学出成效。最后是解决思想问题，通过学习，认识客观规律，训练科学辩证思维，培养家国情怀，解决终极目标、思维方式和担当情怀的问题。在具体学习过程中，可以从“四个坚持”做起，让中心组学习切实有效。

坚持学而思。在研讨交流、相互启迪中加深对习近平新时代中国特色社会主义思想的理解和把握，通过集中学习研讨，自觉地用党的创新理论武装头脑、指导实践、推动工作。

坚持学而信。在细学研读、对比思考中强化信仰，带着感情学，带着信念学，带着使命学，从历史和现实中体悟共产党人的初心使命。

坚持学而用。在联系实际、调研学习中提升用习近平新时代中国特色社会主义思想指导解决问题的能力，使学习的过程成为完善发展思路、破解发展难题、提升工作水平的过程。

坚持学而行。在示范带动、上下联动中推动学习逐级向基层延伸，搭建中心组成员与党员群众交流互动的平台，实现理论学习在基层的全覆盖。

延伸阅读

中心组学习制度的渊源

1938年，党的六届六中全会在延安召开，首次提出“马克思主义中国化”的课题，并在全党展开声势浩大的学习运动，涌现出许多学习小组。其中，由时任中共中央组织部部长陈云担任组长的中共中央组织部六人学习小组，成为今天党委理论学习中心组的前身。

1941年9月26日，中共中央决定成立中央学习组（又称中央研究组），以中央委员为范围，由毛泽东担任组长，王稼祥任副组长，产生了类似于今天的政治局集体学习的机制。同时，发布《关于高级学习组的决定》，要求各地、军队等根据规定成立高级学习组，“军队至师、军区或纵队为止，地方至区党委或省委为止”，指出其目的是“提高党内高级干部的理论水平和政治水平”，突出学习重点，并进一步引领和带动全党学习。根据中央精神，西南学习组、华中局学习组、军事高级学习组等陆续组建，周恩来、刘少奇、朱德等同志分别担任组长，体现出了中央对干部学习以及这项制度的重视。至此，党委理论学习中心组学习制度的雏形日趋显现。

1951年，中央出台《关于加强理论教育的决定》，随后陆续出台了《关于1953—1954年干部理论教育的指示》《关于轮训全党高、中级干部和调整党校的计划》等一系列文件，从制度上就领导干部集体学习予以规范，干部教育进入一个新阶段。

1954年起，干部教育逐步转为正规轮训，中央调整制定各级党校的培训任务，建立高级干部自修班，加强对业务干部的培训，同时根据需要委托高校代培。“文化大革命”前后，干部教育陆续中断直至停止。这一时期在干部教育、理论学习方面的有益尝试，为党委理论学习中心组学习制度的确立积累了宝贵经验。

党的十一届三中全会后，邓小平要求“全党必须再重新进行一次学习”，倡议“党中央能做出切实可行的决定，使全党的各级干部，首先是领导干部，在繁忙的工作中，仍然有一定的时间学习”。为适应新形势的需要，各级党委积极探索领导干部在职理论学习的形式和办法，党委集中学习的做法逐渐形成，即“党委中心组学习”。

1993年11月，中央下发《关于学习〈邓小平文选〉第三卷的决定》，首次在中央文件中正式确认“党委中心组学习”的说法。至此，党委中心组学习制度得以正式确立和推广。

1998年《中共中央关于在全党深入学习邓小平理论的通知》中提出健全党委（党组）中心组理论学习制度，并就中心组的学习重点、学习方式等提出了明确要求。2000年9月，中宣部、中组部联合下发《关于加强和改进党委（党组）中心组学习的意见》，对党委中心组学习制度提出了全面要求并作出具体规定。

2008年9月，为全面贯彻党的十七大精神，更好地规范和推进党委中心组学习制度，为建设学习型党组织、学习型领导班子服务，中办印发《关于进一步加强和改进党委（党组）中心组学习的意见》，对2000年版《意见》进行了修订。

党的十八大以来，以习近平同志为核心的党中央对领导干部学习、党委理论学习中心组学习高度重视。为进一步提高中心组学习的制度化、规范化水平，党中央推动学习由“软任务”变成“硬约束”。2017年1月，中办印发《中国共产党党委（党组）理论学习中心组学习规则》，对党委理论学习中心组的性质定位原则、内容形式要求以及组织管理考核等方面作了明确规定（名称改为党委理论学习中心组），成为各级党委开展集中理论学习所依据的重要党内法规。

——依据文件资料整理

延伸阅读

中央政治局集体学习主题一览

次数	时间	主题
第十八届中央政治局共进行了四十三次集体学习		
第一次	2012年11月17日	深入学习贯彻党的十八大精神
第二次	2012年12月31日	坚定不移推进改革开放
第三次	2013年1月28日	坚定不移走和平发展道路
第四次	2013年2月23日	全面推进依法治国

续表

次数	时间	主题
第五次	2013年4月19日	我国历史上的反腐倡廉
第六次	2013年5月24日	大力推进生态文明建设
第七次	2013年6月25日	中国特色社会主义理论和实践
第八次	2013年7月30日	建设海洋强国
第九次	2013年9月30日	实施创新驱动发展战略
第十次	2013年10月29日	加快推进住房保障体系和供应体系建设
第十一次	2013年12月3日	历史唯物主义基本原理和方法论
第十二次	2013年12月30日	提高国家文化软实力研究
第十三次	2014年2月24日	培育和弘扬社会主义核心价值观，弘扬中华传统美德
第十四次	2014年4月25日	维护国家安全和社会安定
第十五次	2014年5月26日	使市场在资源配置中起决定性作用和更好发挥政府作用
第十六次	2014年6月30日	加强改进作风制度建设
第十七次	2014年8月29日	世界军事发展新趋势和推进我军军事创新
第十八次	2014年10月13日	我国历史上的国家治理
第十九次	2014年12月5日	加快自由贸易区建设
第二十次	2015年1月23日	辩证唯物主义基本原理和方法论
第二十一次	2015年3月24日	深化司法体制改革，保证司法公正
第二十二次	2015年4月30日	健全城乡发展一体化体制机制
第二十三次	2015年5月29日	健全公共安全体系
第二十四次	2015年6月26日	加强反腐倡廉法规制度建设
第二十五次	2015年7月30日	中国人民抗日战争的回顾和思考
第二十六次	2015年9月11日	践行“三严三实”
第二十七次	2015年10月12日	全球治理格局和全球治理体制
第二十八次	2015年11月23日	马克思主义政治经济学基本原理和方法论
第二十九次	2015年12月30日	中华民族爱国主义精神的历史形成和发展
第三十次	2016年1月29日	“十三五”时期我国经济社会发展的战略重点
第三十一次	2016年4月29日	历史上的丝绸之路和海上丝绸之路
第三十二次	2016年5月27日	我国人口老龄化的形势和对策

续表

次数	时间	主题
第三十三次	2016年6月28日	严肃党内政治生活，净化党内政治生态
第三十四次	2016年7月26日	深化国防和军队改革
第三十五次	2016年9月27日	二十国集团领导人峰会和全球治理体系变革
第三十六次	2016年10月9日	实施网络强国战略
第三十七次	2016年12月9日	我国历史上的法治和德治
第三十八次	2017年1月12日	深入推进供给侧结构性改革
第三十九次	2017年2月21日	我国脱贫攻坚形势和更好实施精准扶贫
第四十次	2017年4月25日	维护国家金融安全
第四十一次	2017年5月26日	推动形成绿色发展方式和生活方式
第四十二次	2017年7月24日	推进军队规模结构和力量编成改革，重塑中国特色现代军事力量体系
第四十三次	2017年9月29日	当代世界马克思主义思潮及其影响
第十九届中央政治局已经进行的集体学习情况如下		
第一次	2017年10月27日	深入学习贯彻党的十九大精神
第二次	2017年12月8日	实施国家大数据战略加快建设数字中国
第三次	2018年1月31日	建设现代化经济体系
第四次	2018年2月24日	我国宪法和推进全面依法治国
第五次	2018年4月23日	《共产党宣言》及其时代意义
第六次	2018年6月29日	加强党的政治建设
第七次	2018年7月31日	全面停止军队有偿服务
第八次	2018年9月21日	实施乡村振兴战略
第九次	2018年10月31日	人工智能发展现状和趋势
第十次	2018年11月26日	中国历史上的吏治
第十一次	2018年12月13日	深化国家监察体制改革
第十二次	2019年1月25日	全媒体时代和媒体融合发展
第十三次	2019年2月22日	完善金融服务，防范金融风险
第十四次	2019年4月19日	五四运动的历史意义和时代价值
第十五次	2019年6月24日	牢记初心使命，推进自我革命
第十六次	2019年7月30日	推进军事政策制度改革
第十七次	2019年9月24日	新中国国家制度和法律制度的形成和发展

续表

次数	时间	主题
第十八次	2019年10月24日	区块链技术发展现状和趋势
第十九次	2019年11月29日	我国应急管理体系和能力建设
第二十次	2020年5月29日	切实实施民法典
第二十一次	2020年6月29日	深入学习领会和贯彻落实新时代党的组织路线
第二十二次	2020年7月30日	加强国防和军队现代化建设
第二十三次	2020年9月28日	我国考古最新发现及其意义
第二十四次	2020年10月16日	量子科技研究和应用前景
第二十五次	2020年11月30日	加强我国知识产权保护工作
第二十六次	2020年12月11日	切实做好国家安全工作
第二十七次	2021年1月28日	做好“十四五”时期我国发展开好局、起好步的重点工作
第二十八次	2021年2月26日	完善覆盖全民的社会保障体系
第二十九次	2021年4月30日	新形势下加强我国生态文明建设
第三十次	2021年5月31日	加强我国国际传播能力建设
第三十一次	2021年6月25日	用好红色资源，赓续红色血脉
第三十二次	2021年7月30日	坚持党对人民军队绝对领导，奋力实现建军一百年奋斗目标
第三十三次	2021年9月29日	加强我国生物安全建设
第三十四次	2021年10月18日	推动我国数字经济健康发展

——依据文件资料整理

构建全面履责抓党建机制

党的十八届六中全会通过的《关于新形势下党内政治生活的若干准则》指出，全体党员、干部特别是高级干部必须增强党的意识，时刻牢记自己第一身份是党员。这既是“集结号”，更是“动员令”。国有企业党员干部要坚决把抓好党建工作作为最大政绩、最大任务、最大责任，始终牢记党员这个“第一身份”，抓好党建这个“第一任务”、从严治党这个“第一责任”。

党委委员是党委发挥作用的重要力量。在实际工作中，有的委员摆不好位置，找不准定位，把自己当作党建工作的“局外人”，导致出现党委书记“唱独角戏”的问题。要解决这一问题，需要构建起全面履责抓党建机制，形成一岗双责、分工明确的责任体系，将党内职责与业务分工融合，真正将党建工作由党委书记的“独角戏”变为全体党委委员的“大合唱”。

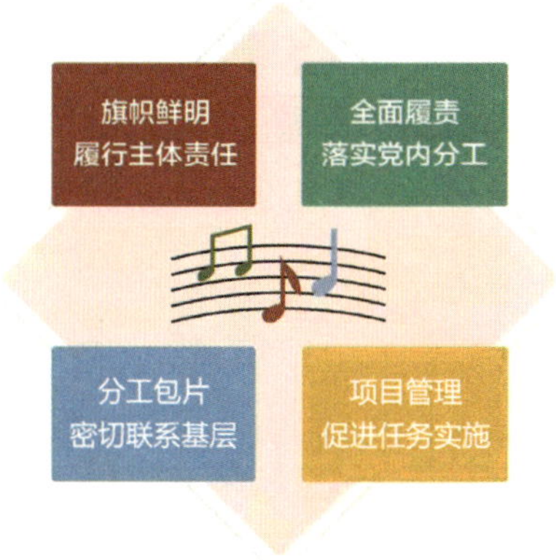

旗帜鲜明，履行主体责任。在企业内部构建“大党建”工作机制，必须压实党委主体责任、纪委监督责任、党委书记第一责任、班子成员一岗双责的“四责一体、协同运行”责任落实体系，将党的领导全面嵌入公司治理。

全面履责，落实党内分工。企业党委班子构建“全面履责、分工负责”的管理机制，实行党委班子全面履责抓党建工作机制。党委设立组织、宣传、纪检和群工等委员职务，由党委班子成员担任，明确具体工作任务，制定议事规则，做到既有业务分工，又有政治分工，从顶层领导推动党建与业务工作同研究、同部署、同落实。

分工包片，密切联系基层。建立基层党建工作联系点制度，党委领导班子分管不同片区，为基层党建提质登高提供引领和指导。在深入一线时，要带着信念和情怀，做到深入调研、了解下情，主动发挥领导优势和协调作用，帮助联系点解决实际困难。同时，做好监督检查，对联系点党支部抓党建工作中存在的突出问题和薄弱环节，提出改进意见和建议，督促整改落实。对基层党建工作先进典型进行推广，并总结形成具有特色的党建工作经验。

项目管理，促进任务实施。针对基层党建特殊任务、重点工作，可实行党建项目化管理。项目确定后，党委制订实施方案，党委班子分工负责落实，采取定人员、定事项、定目标、定责任、定时限“五定工作法”，推进项目的实施。在项目实施过程中，坚持党建项目与年度重点任务、中心工作、各类资源相统筹，做到相互渗透、共同推进，为党建项目顺利实施提供可靠保障。

延伸阅读

没有调查，没有发言权

如何选拔干部？红军家属谁来照顾？怎样组织妇女、老人搞生产建设？从1930年6月到1933年11月，毛泽东同志从江西瑞金出发，沿汀江而下，三次来到闽西上杭县才溪乡开展农村调查。在工会办公场所改造而成的列宁堂里，他召集工人代表、农民代表、妇女代表、耕田队长召开各种类型的调查会，详细了解根据地政权组织、经济建设、军事补给、文化教育等情况，并由此撰写了调研名篇《才溪乡调查》，以中央苏区“第一模范乡”的生动实践，进一步阐明了“中国革命必须走农村包围城市道路”的深刻道理。

今天的列宁堂里摆设一如当初，这间简陋的平房见证了毛泽东同志作出“没有调查，没有发言权”的重要论断，见证了中国共产党人坚持从群众中来到群众中去的工作路线和工作方法。“毛主席总是先拉拉家常，气氛一下就热烈起来”，“他自己边听边记，遇到大家不确定的问题还会马上叫人去核实”，“有时他刚吃完晚饭，筷子还没放下，便有人来谈心了”，“人经常越聚越多，点着油灯或松火，一谈就是半夜”。直到今天，乡亲们还口口相传着毛泽东同志在这里拜群众为师的故事，正如他在《农村调查》一书的序言所说，“没有眼睛向下的兴趣和决心，是一辈子也不会真正懂得中国的事情的”。

眼睛向下，是共产党人密切联系群众的正确态度和有效方法。如果嘴上口号喊得震天响，满脑子打的却都是自己升官发财、出名上位的“小算盘”，那么就算眼睛向下，也只会“目中无人”。对于共产党人而言，眼睛向下的本质就是要想群众之所想、急群众之所急、解群众之所困，把群众的烦心事、头痛事作为基层工作的重点。只有以群众的获得感、幸福感、安全感作为衡量工作成效的重要标准，经常换位思考、将心比心，把群众看作自己的家人、亲人，才能抓住工作中的要害，才算是真正做到眼睛向下、脚步向下。

眼睛向下，要有问题意识，坚持问题导向。窝在办公室里看材料，坐在会议室里听汇报，就算调研也习惯于走安排好的“经典路线”……这样的形式主义作风无法帮助我们发现真问题。彭真同志曾用“八面树敌”形容问题意识对于决策的重要性。领导干部只有多从反面入手发现问题，特别是重视听取和研究各种不同看法，才能筛选出最真实、最有效的信息；只有养成“多走一步”“多问一句”“多想一层”的习惯，才能赢得群众的信任，了解他们内心的想法，听到最真实的诉求。

“没有满腔的热忱，没有眼睛向下的决心，没有求知的渴望，没有放下臭架子、甘当小学生的精神，是一定不能做，也一定做不好的。”毛泽东同志的告诫，今天读来依然发人深省。保持“眼睛向下”的情怀，坚持“眼睛向下”的方法，我们才能时刻擦亮初心，从群众中汲取无穷的智慧与力量。

——摘自人民网

开好民主生活会

某基层企业民主生活会上，领导班子围绕工作政绩观问题开展批评与自我批评。

党委书记：“我工作中急于出成绩、政绩，露脸的活干得多，长远的活干得少！”

副总经理：“我急于求成追‘显绩’，工作掐着评分表干，搞形象、造‘盆景’。”

工会主席：“我重视‘点’上工作，给‘肥猪身上贴膘’，‘面’上推动不力。”

“请暂停一下！”上级派驻纪检督导组组长叫停会议，并提出批评：“政绩观出问题不可怕，出了问题还不痛不痒、泛泛而谈就是你的不对了……”

近年来，民主生活会被叫停、择期再开的事件先后见诸报端。梳理这些被叫停的会议，不难发现其中特点：首先，参会者从思想上不重视，在行动上不严肃；其次，不敢碰硬较真，不敢触及真问题，习惯性地和稀泥；再次，有些同志考虑个人的政绩、提拔和发展前途等因素，不敢往深里说，只想敷衍了事，不痛不痒地说。

民主生活会制度是我们党独创的制度优势，要充分发挥好民主生活会的“精神洗礼”作用，重点应注意以下五个方面。

一是前期准备要充分。一般来说，召开民主生活会有专题学习、谈心谈话、查摆问题、批评与自我批评、制定整改措施等环节和步骤。会前准备阶段，一定要由党委书记主持，确定会议主题，明确会议重点要解决的问题，然后引导党员联系思想和作风实际，认真检查工作学习情况，检查执行党的路线方针政策决议情况，检查发挥党员先锋模范作用情况。要通过谈心谈话广泛征求意见，引导大家从党性意识、思想和作用发挥上查找问题，分析原因，不要把会议开成“不联系思想实际，只泛泛谈工作”的工作汇报会、业务分析会。

二是会议基调要明确。严肃认真地开展批评和自我批评，是民主生活会的主基调。走走过场的会议、不痛不痒的批评、大而化之的问题，往往让人无感甚至反感。批评和自我批评，一定要联系思想和工作实际，不能空虚漂浮，而是要围绕工作作风实不实、发挥作用好不好、自我要求严不严等方面，具体准确地指出问题，一针见血地指出原因。会上要重申会议主题和纪律，让敢于剖析自己、敢于开展批评的同志“打头炮”，引领形成严肃认真的氛围。

三是主要领导做表率。主要领导做表率，就要直面问题。首先，在自我批评时把自身问题说清楚、谈透彻，针对问题，触及灵魂，这样才能开诚布公地对其他同志进行批评；其次，要做好主持工作，及时纠偏，及时指导。只有主要负责人真正从思想上重视，民主生活会方能起到增进团队合力的作用。

四是坚持对事不对人。开展批评不是一件愉快的事，每个人都会有顾虑，因此，要坚持“对事不对人”的批评策略，按照“惩前毖后，治病救人”的方针，实事求是、就事论事。批评要真诚、善意地指出问题，不能发泄私愤、乱扣帽子。开展批评要把功夫下在会前，在谈心谈话环节充分交心交流，对拟开展批评的问题进行充分沟通，取得共识或基本取得共识，这样才能在会上批评时，有利于达到“团结—批评—团结”的目的。

五是跟踪整改抓落实。发现和整改问题，是民主生活会的初衷，如果仅仅满足于开完会了事，而没有后续的严肃整改，就变成了形式主义。党组织和党员领导干部要认真制定整改措施，建立翔实明晰的整改清单，明确整改责任人和整改时限，逐步“清零销号”。同时，要建立督促落实机制，由主要领导督促检查，做到责任不落实不放过，问题不解决不放过，整改不到位不放过，真正把民主生活会提出的措施转化为加强基层组织建设、推动各项工作的具体行动。

延伸阅读

兰考民主生活会亲历记

作为总书记的联系点，兰考县委常委民主生活会引发了关注，或说不小的轰动。有记者亲历了这场会议后，深受触动，认为这样“真刀真枪，刺刀见红”的民主生活会，才是被党和人民热切期待的。下面我们跟随记者的视角，来看一下民主生活会是怎么开的。

自我批评：心里藏的，说出来，越发可敬

县委书记王新军首先发言，自我批评的火辣让人心头一凛：超标准大建焦裕禄文化苑，其实违背了焦裕禄精神；上级抓得紧的，自己看得就重，“三农”不好量化，往农村跑得就少；调研成走过场，一口气能跑三乡九村，雨过地皮干；花公家钱不心疼，办公室寝室的空调，整个冬天不关……

有领导带头，全体县委常委都是掏心见胆，自我亮丑。县长周辰良说，出差一般宾馆不想住，衣服不是名牌不想穿，下乡冬天怕冷、夏天怕热、风天怕沙；县委副书记毛卫丰说，心里面把自己看成官，把群众看成民，遇事先考虑个人职位安危……

可以说，这些真实心迹，过去不会讲，谁也不敢讲，尤其在领导干部身上，在正式场合。但不讲，并不意味着不存在。大声说出来，正视它，才能去除深藏的污垢。说出来，并没有因此贬损一个人的形象，反而检讨越深刻，人格越发可敬。很多人发言中回忆起成长，讲到自己农家出身，父母平凡本分，讲到在乡镇基层岗位的多年历练。周辰良回忆起因缺乏实地调研，致使1万多亩地的麦子枯萎，“农民全家就靠这一亩半地啊”，他抑制不住，哭出了声。

批评环节：谁啥样，人心都有一杆秤

更火力十足的环节，出现在相互批评，提意见的时刻。尽管事先已经过多轮谈心交流，但批评意见不绕弯子说出来，听来还是有些“打脸”。很多习惯了“先谈成绩，再提希望”式批评的同志，一开始，都替被批评人“难堪”。

常委们批评书记作风武断，“汇报还没等说完，你就定了调”“手伸得远，政府性事务你拍了板，政府领导还不知道”。

常委们批评县长，批他经验主义，“中军帐里发令牌”；批他偏重结果，不问过程，折迁压任务，“城关乡60%上访与折迁有关”；批他政绩观偏差，“招商引资躁进……”

没有想到，在这样的批评中，同志之间关系却越来越真诚，班子越来越团结，有责任争着抢着担当。旁听的人也很受触动，人心都有一杆秤，在共事的同事眼中，任何“小九九”都无处遁形，只是平时没有点出来。而提意见，恰恰是对同志最有价值的关心。

红完脸，出完汗，待去工作中见实效

在一轮轮激荡、打磨中，很多人的对照检查已重写了20多遍，少的也有十七八遍。早丢开了“怕伤感情、怕过后算账、怕群众抓住小辫子”的顾虑。每个县委常委都拿出两到三天，住到村里听意见。“拉家常中听到了真话、实话、心里话，聊天中聊出了问题。那些话汇报听不到，闭门想不出。”

谈到会上“红脸出汗”的感受，县委常委发出相同的感慨：“尽管会下都相互提过，但在会场上，感受还是不一样，说不出的难受。”“检查自己，像照着镜子扇自己脸，恨自己，你怎么就这样？”“听别人提意见，像针在扎。”在接受批评时，多位同志满脸通红，坐立不安，头都抬不起来。但当事者说，接受批评是沉重，但也收获了一种前所未有的轻松，“红红脸红出了真心，洗洗澡洗掉了污泥”。

记者在十多个小时的会议中埋头记录，见证着这段历史，观察真正的党内民主生活，体会着总书记“真刀真枪、刺刀见红，不能莺歌燕舞”要求的良苦用心。记者职责所在，是最大限度还原现场，提供模板，提供借鉴。同时也接受了教育，充满感慨，这样的作风建设真应该如实执行好，深入持久做下去，用到工作中，抓出长效，见到实效。

——摘自人民网

行之有效

党委理论中心组学习案例——创新打造学习型党组织“示范班”

国网潍坊供电公司为切实发挥党委理论中心组的示范引领作用，带动基层党委和支部的政治理论学习走深走实，在学习机制、学习模式、学习内容上作了创新设计，市、县公司党委中心组学习和各支部的政治理论学习质效得到明显提升。

固化机制　形成常态

在人员组成上，将公司党委理论中心组成员由党委班子扩大到副总师及党委办公室、组织部、党建部的负责同志，党委书记任组长，为第一责任人，党委副书记、总经理为副组长。中心组成员每年随人员变动而调整，在党委会研究通过后以正式文件下发调整通知。

在学习时间上，制订全年学习计划，市、县公司保持中心组每个月至少学习1次。每季度举办一次党委理论中心组示范班“夜校”，市、县公司理论中心组全部参加。逢重大主题教育或专题教育，举办党委理论中心组“读书班”，市、县公司理论中心组及全体党支部书记参加。

在任务分工上，市公司党委理论中心组成员分工负责，对下级县公司中心组学习情况进行督导。公司党委办公室负责中心组学习的组织筹备、人员召集和学习记录的整理，党建部负责中心组学习资料的整理和宣传工作。

市县一体 视频联学

借助市县公司全面贯通的视频会议系统，打造开放式党委中心组学习“示范班”。在每季度举办的党委理论中心组示范班“夜校”上，采取市县一体、视频直播、上下联学模式。市公司党委中心组集体学习时，县公司党委中心组成员和直属支部班子成员，全部在本单位通过视频会议系统集体观摩。市公司党委书记在中心组上领学重点议题，每次安排2～3名中心组成员作专题领学，随机抽取市、县公司党委中心组成员和直属党支部班子发言，并开展线上研讨交流互动。示范班“夜校”进行全程录像，并上传智慧党建系统，供其他支部和党员参照学习。

通过中心组模式的创新，不仅示范了集中学习的方法，也起到了互相监督的功效，实现了市、县公司中心组学习的深度穿透和研讨交流上的高度共鸣，推动了党的创新理论的学习往心里走、往深里走、往实里走，为广大党员树立了良好的学习导向。

围绕主题　聚焦专题

党委理论中心组以深入学习中国特色社会主义理论体系为首要任务，以深入学习贯彻习近平总书记新时代中国特色社会主义思想为重点，按照“政治性、系统性、实效性”原则，对每次学习内容进行精心梳理准备，围绕主题、聚焦专题，深学一层、深悟一层，不断提升运用马克思主义立场、观点、方法处理问题的能力和水平，提高领导干部政治理论素养。

围绕主题，就是给每次中心组学习确定一个主题，所有学习内容围绕这个主题来展开，力求让每一位成员学有重点、学有方向。聚焦专题，就是围绕学习主题，设计2~3个学习议题，对学习内容进行深层分类和深度聚焦，让每次学习内容层次更加清晰，学习更加充分，便于系统理解和掌握学习内容。

确立好学习主题和专题后，由党建部起草学习导读，厘清学习重点与学习脉络，整理成册发放给每位成员，由过去的漫灌式、碎片化学习转变为聚焦式、精准化学习，真正做到学懂、弄通、做实。

案例评析

加强和改进党委中心组学习是新形势下深化理论武装、加强思想建党的重要途径，对党员干部的学习具有很强的引领性，必须在抓规范、做示范、树典范上下功夫。抓规范，就要深入研究新形势下领导干部学习的特点和规律，进一步创新机制，完善制度，形成常态，在学习上抓好规范。做示范，就要在学习的模式上结合实际、讲求实效，充分利用学习资源创新学习模式，为上行下效、引领学风搭好平台，在学习上作出示范。树典范，就要在根据当前形势和任务需要，组织好每次学习的内容，确定好主题和议题，有的放矢，学有方向，确保学懂、弄通、做实每一次学习内容，在学习上树起典范。这样，才能使党委中心组要真正成为善于学习的“示范班”。

基层联系点案例——“四个一”让干部履责沉到基层

国网山东电力公司统筹考虑公司党员领导干部职责分工和基层单位实际，建立了党员领导干部党建工作联系点“四个一”制度。要求党员领导干部深入联系点调研指导，实地考察基层单位工作情况，认真听取联系点党员和职工群众意见，重点征求基层党建工作方面的建议，认真落实全面从严治党责任。

一是每年至少到联系点开展一次党建工作调研。听取联系点党建工作汇报，落实公司党建工作计划，了解基层党建工作以及存在的问题和困难，加强督导调研，解决实际困难，推动基层党建工作全面进步、全面过硬。

二是每年至少为联系点的党员讲一次党课。党课要紧紧围绕习近平新时代中国特色社会主义思想、国家电网公司新时代发展战略等内容，紧扣主题，精心设计，有针对性地进行思想引导，解疑释惑。

三是每年至少参加一次联系点的组织生活。领导干部参加联系点的组织生活，要虚心务实、认真点评、加强指导，起到良好示范作用，进一步提升基层党组织生活质量。

四是年底提交一份基层党建工作调研报告。根据全年到联系点开展工作情况，撰写基层党建工作调研报告，报告内容要实事求是、言简意赅、反映问题、提出建议，尽量用数据说话，避免空话套话，为基层党建工作提供有效指导。

案例评析

建立领导干部党建工作联系点制度，是坚持党的群众路线、实行从群众中来到群众中去的工作方法，是激励领导干部尽职履责的有效形式，也是了解民情、集中民智、倾听民声的有效途径。领导干部到联系点，要“身入”，更要“深入”；要“脚到”，更要“心到”；要“眼到”，更要“手到”。有效固化领导干部党建联系点制度，多种方式主动下基层、进支部、访员工，经常而广泛地听取建议和意见，了解群众所思、所虑、所盼，掌握基层党建工作的热点、难点和焦点问题，多向基层学习请教，才能把“联系点”建成“连心点”，更好地提高全面履责抓党建的真本领、硬功夫。

支部建在连上，是我们建党建军的光荣传统和基本原则，如何在新时代用好用活这一原则，使党组织设置与企业管理架构、生产运行模式高度匹配、有机融合，有效促进改革发展中心任务，是企业党建工作需要思考和实践的重大课题。

第二讲

支部强则党建强

本讲导读

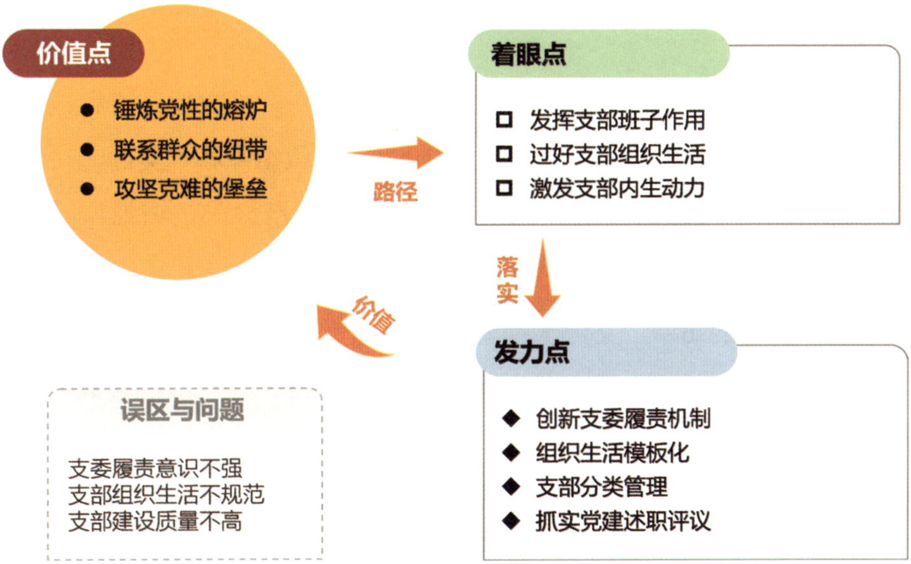

谋之有道

价值分析

《中国共产党章程》第三十三条中规定，国有企业和集体企业中党的基层组织，围绕企业生产经营开展工作。在全国国有企业党的建设工作会议上，习近平总书记提出“四个坚持”的要求，其中第二个是“坚持服务生产经营不偏离，把提高企业效益、增强企业竞争实力、实现国有资产保值增值作为国有企业党组织工作的出发点和落脚点，以企业改革发展成果检验党组织的工作和战斗力”。

从这些规定和要求中可以看出国企党支部的核心工作就是要将支部打造成为锤炼党性的熔炉、联系群众的纽带和攻坚克难的堡垒，推动企业改革发展。

锤炼党性的熔炉。支部要强化政治属性，不折不扣地宣传和执行党的路线、方针、政策，宣传和执行党中央、上级组织和本支部的决议，教育党员、管理党员、监督党员，坚定“四个自信”，增强“四个意识”，做到“两个维护”。

联系群众的纽带。支部承担着组织群众、宣传群众、凝聚群众的重要职责，要坚持全心全意为人民服务的根本宗旨，从党员群众最关心、最直接、最现实的利益问题入手，诚心诚意地为群众办实事、解难题；要切实发挥好密切联系群众的优势，以价值认同为出发点，将一切积极因素团结、调动和凝聚到党组织周围，不断增强党支部的组织力。

攻坚克难的堡垒。一个支部一个堡垒，支部要强化执行力、增强战斗力，引导广大党员发挥先锋模范作用，调动起全员干事创业的积极性，急难险重关头冲锋在前，完成好承担的任务，全力推动改革发展。

问题与对策

党的十八大以来，国企党支部建设不断加强，但仍然存在重形式轻内容、重过程轻结果、重数量轻质量等问题，看起来热热闹闹，实际效果不佳，成为新时代阻碍支部持续健康发展的“瓶颈”，这也是部分基层组织软弱涣散的症结所在。

如何抓好支部建设？这个问题，需要到党内法规制度中去找答案。《中国共产党国有企业基层组织工作条例（试行）》（以下简称该条例）中对支部职责有明确的规定，其要旨可以归纳概括为建组织、强党性、促发展三个核心关键词。建组织是直接职责，强党性、促发展分别是领导职责和指导职责。同时，该条例第三十三条中规定，各级党组织应当强化党建工作责任制落实情况的督促检查，层层传导压力，推动工作落实。所以，对党支部的领导和管理职责还要加上一条：严考核。

综上可以看出，抓支部的方法论和重点论，可以概括成一句话：建组织、强党性、促发展、严考核。

建组织，解决“有”的问题。建组织的基本原则是应建必建，动态调整，推动组织全覆盖。

强党性，解决支部自身建设问题。只有支部强了，才能团结带领广大党员在具体工作中发挥先锋模范作用。强党性的途径包括政治学习、组织生活、攻坚实践等。攻坚实践具有两重性，既是强党性的载体，也是促发展的载体。

促发展，解决支部工作的落脚点问题。只有通过工作，促进和推动了企业发展的支部才能算是过硬的党支部。促发展的途径主要是在党委的领导下，创新党建与业务有机融合的载体工具。

严考核，解决对支部工作的评价和持续改进问题。通过严格的考核，肯定成绩，指出问题，引导支部争先进位，支部工作才能持续改进、螺旋上升。

只要从这四个方面用心用力，聚合广大党员和员工的智慧，结合具体工作，创新方式方法，支部工作就能干得有声有色。

延伸阅读

党支部工作重点

1. 三个定位

《中国共产党支部工作条例（试行）》（以下简称该条例）对新时代党支部的定位和作用作出了深刻阐述。

一是明确了党支部在党的整个组织体系中的定位。该条例规定，“党支部是党的基础组织，是党组织开展工作的基本单元”。这一概括表明党支部在党的组织体系中具有基础性地位。

二是明确了党支部在社会基层组织和党的全部工作中的定位。该条例规定党支部“是党在社会基层组织中的战斗堡垒，是党的全部工作和战斗力的基础”。这一概括明确了党支部在社会基层组织中的重要作用，要求党的工作要落实到党支部层面，发挥好党支部的重要作用。

三是明确了党支部自身的职责定位。党支部既是党员锤炼党性的熔炉，也是密切联系群众的纽带。该条例规定，党支部“担负直接教育党员、管理党员、监督党员和组织群众、宣传群众、凝聚群众、服务群众的职责”。这就明确了党支部在新时代的职责定位。

2. 五项原则

该条例提出党支部工作必须遵循的五项原则，既反映了党支部工作的内在规律，也是党支部有效开展工作的指南。

坚持以马克思列宁主义、毛泽东思想、邓小平理论、“三个代表”重要思想、科学发展观、习近平新时代中国特色社会主义思想为指导，遵守党章，加强思想理论武装，坚定理想信念，不忘初心、牢记使命，始终保持先进性和纯洁性。

坚持把党的政治建设摆在首位，牢固树立“四个意识”，坚定“四个自信”，坚持“两个确立”，做到“四个服从”，旗帜鲜明讲政治，坚决维护习近平同志党中央的核心、全党的核心地位，坚决维护党中央权威和集中统一领导。

坚持践行党的宗旨和群众路线，组织引领党员、群众听党话、跟党走，成为党员、群众的主心骨。

坚持民主集中制，发扬党内民主，尊重党员主体地位，严肃党的纪律，提高解决自身问题的能力，增强生机活力。

坚持围绕中心、服务大局，充分发挥积极性主动性创造性，确保党的路线方针政策和决策部署贯彻落实。

3. 八项任务

《中国共产党章程》第三十二条规定了基层党组织八项基本任务。该条例根据党章规定，结合党支部基本职责，对有关内容进行补充完善、细化延伸，提出了党支部的八项基本任务，既与党章衔接，又符合党支部工作特点。

一是宣传和贯彻落实党的理论和路线方针政策，宣传和执行党中央、上级党组织及本党支部的决议。讨论决定或者参与决定本地区本部门本单位重要事项，充分发挥党员先锋模范作用，团结组织群众，努力完成本地区本部门本单位所担负的任务。

二是组织党员认真学习马克思列宁主义、毛泽东思想、邓小平理论、“三个代表”重要思想、科学发展观、习近平新时代中国特色社会主义思想，推进“两学一做”学习教育常态化制度化，学习党的路线方针政策和决议，学习党的基本知识，学习科学、文化、法律和业务知识。做好思想政治工作和意识形态工作。

三是对党员进行教育、管理、监督和服务，突出政治教育，提高党员素质，坚定理想信念，增强党性，严格党的组织生活，开展批评和自我批评，维护和执行党的纪律，监督党员切实履行义务，保障党员的权利不受侵犯。加强和改进流动党员管理。关怀帮扶生活困难党员和老党员。做好党费收缴、使用和管理工作。依规稳妥处置不合格党员。

四是密切联系群众，向群众宣传党的政策，经常了解群众对党员、党的工作的批评和意见，了解群众诉求，维护群众的正当权利和利益，做好群众的思想政治工作，凝聚广大群众的智慧和力量。领导本地区本部门本单位工会、共青团、妇女组织等群团组织，支持它们依照各自章程独立负责地开展工作。

五是对要求入党的积极分子进行教育和培养，做好经常性的发展党员工作，把政治标准放在首位，严格程序、严肃纪律，发展政治品质纯洁的党员。发现、培养和推荐党员、群众中间的优秀人才。

六是监督党员干部和其他任何工作人员严格遵守国家法律法规，严格遵守国家的财政经济法规和人事制度，不得侵占国家、集体和群众的利益。

七是实事求是对党的建设、党的工作提出意见建议，及时向上级党组织报告重要情况。教育党员、群众自觉抵制不良倾向，坚决同各种违纪违法行为作斗争。

八是按照规定，向党员、群众通报党的工作情况，公开党内有关事务。

——摘选自《中国共产党支部工作条例（试行）》

参之有据

创新支委履责机制，强化主体意识

要发挥好党支部战斗堡垒作用，支部委员的作用必须发挥出来。构建确权定责、制度明责、清单履责、严肃问责、培训强责的“链条式”支委班子尽职履责机制，强调第一身份、第一职责，可以让支部委员必须干事、学会干事、干正确的事。

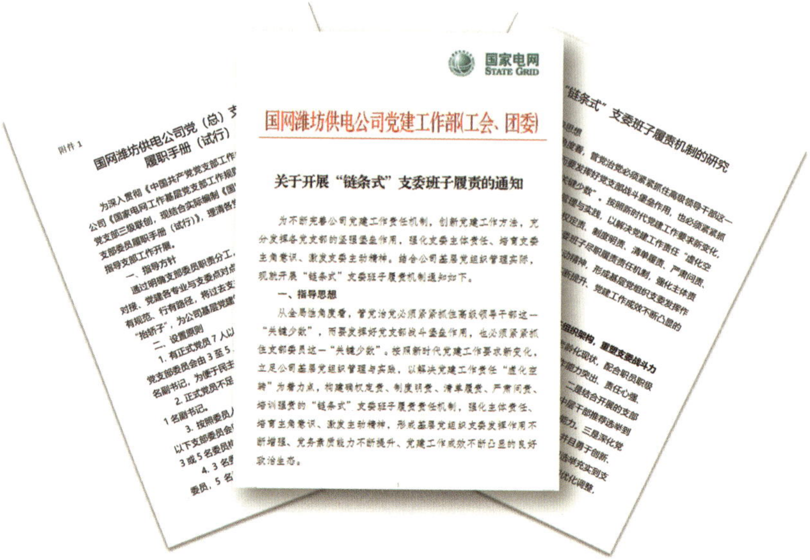

在链条式履责模型中，确权定责、制度明责、清单履责、严肃问责、培训强责五环首尾相接，构成了支委班子履责管理PDCA良性循环，[①] 通过链条的持续发力，能够不断强化支委班子的主体责任、主角意识和主动精神。

第一环节：“确权定责”，选正确的人干正确的事

搭建一个优秀的支委班子，可以从三个方面选拔成员。一是选好带头人，选配工作能力突出、责任心强、受人尊敬的优秀党员干部担任党支部书记。二是结合支部换届选举和委员补选，将部门主要负责人或中层干部推荐选举到支部委员队伍中，强化其议事决策能力和组织领导能力。三是深化党建带团建，发掘培养在普通岗位上成长起来的且勇于创新、敢想敢干、能力较好的年轻党员，将他们选举充实到支委班子中去，为支委班子注入新鲜活力。通过逐步优化调整，形成优秀中层管理

① PDCA循环的含义是将质量管理分为四个阶段，即Plan（计划）、Do（执行）、Check（检查）和Act（处理）。

人员、技术技能骨干、年轻党员搭配合理的支委班子，使支委班子能够最大范围地整合党支部力量开展工作。

第二环节："制度明责"，明晰角色认知

支委班子确立后，要建立相应的制度，让支部委员明晰自身的责任。首先是明责，结合工作实际，明确支部委员分工，推动其在分管领域负起主要责任。凡是涉及支部委员分管职责范围的事，优先听取其意见，优先由其协调落实。其次要严格党内七种组织生活制度的执行，规范"三会一课"等组织生活议事程序，持续从制度上规范支委会工作流程，明确议事范围和程序要求。通过制度的完善和运用，实现党建部门与各党支部无缝对接，培养固化支部委员自觉融入、发现问题、研究问题、解决问题的意识。

第三环节："清单履责"，绘制日常行动坐标

支部委员不明白自己职责范围内的日常工作应该如何干，就需要支部结合公司年度重点工作任务，将目标任务层层分解到年、季、月，细化到每名支委的责任、任务、问题清单中。例如，对支部临时性工作，试点推行党建工作任务认领制度，将过去支书一人"挑担子"变为众人"抬轿子"，不仅能让每名支部委员"知道怎样做、清楚做得怎样"，还确保了支部工作全程管控、跟踪推进、有效落实。还可以将支部党建工作细化分类，结合委员分工，量身定制"党建工具包"等实务工具，实现"一包在手，能懂会干"。

第四环节："严肃问责"，以积分晾晒做好内核驱动

除了采用党建考核这些常规追责问责手段，还可以尝试探索进行支部委员积分管理，从认领工作数量、推进工作效率、完成工作质量三个维度进行评价计分，激发支部委员内生动力。同时，建立支委年度履职报告制度，结合年度民主评议党员工作，增设支委班子满意度测评和支

委成员称职率测评指标，加大对支部委员工作的民主监督力度。

第五环节："培训强责"，提升支部委员素质

强化支部委员履责，培训是非常关键的，尤其要注重支委培训的针对性和实效性，尝试针对不同支部委员设计开发系列培训套餐，也可以结合民主评议党员等党建重点工作，对支部委员进行专项培训。

组织生活模板化

《关于新形势下党内政治生活的若干准则》中明确规定，党的组织生活是党内政治生活的重要内容和载体，是党组织对党员进行教育管理监督的重要形式。必须坚持党内组织生活各项制度，创新方式方法，增强组织生活活力。

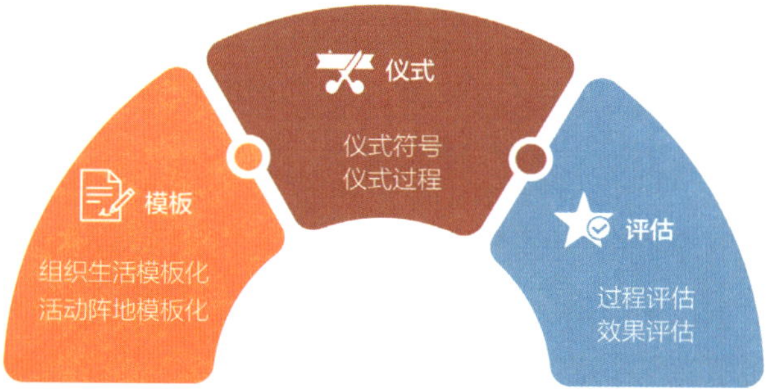

1. 模板，让组织生活有型有质

围绕组织生活和活动阵地建设进行模板化的设计打造，可以保证组织生活的规范化、标准化。同时，新模板的采用也有利于激发党员参与组织生活的积极性。

组织生活方面，"三会一课"、组织生活会、民主评议党员、谈心谈话作为组织生活的重要组成部分，按照不同时间频率出现在一个组织生活周期内，构成了支部组织生活的"二十四节气"。以"二十四节气”为主轴，可以创造众多标准化工作模板并将其穿插其中，让组织生活变得引人入胜。

活动阵地方面，支部党员活动阵地建设也可进行模板设计。例如，某企业根据实际，将支部党员活动室统一规定为“一牌、一旗、六板”的标准化模板。牌、旗、板位置固定，但具体内容可以创新，这样的党员活动室既美观大方，又具有实用性，还能保持风格一致性，大“家”、小“家”簇拥在一起，营造出党建生态群落的文明与和谐。

2. 仪式，让组织生活有格有感

法国童话《小王子》里说，仪式感就是使某一天与其他日子不同，使某一时刻与其他时刻不同。观看天安门广场的升旗仪式，对于中国人而言，便是一个极具仪式感的活动。看着五星红旗冉冉升起，每一个中国人的家国情怀会在内心澎湃汹涌。

仪式不能搞成形式主义，必须有效果。在组织生活中植入适度仪式符号和仪式过程，有助于营造共同在场的效应。例如，1965年中共中央发出要求“今后对担任党内职务的所有人员，一律互称同志”，用一声

"同志"让仪式活动中民主和平等的氛围更加浓厚。2018年，中共中央组织部对党员党徽的规格样式、佩戴方式和适用范围进行了明确。党徽虽小，却在各种活动中体现党员的身份和价值。这些仪式符号的引入，能够释放仪式内涵，凝聚政治能量。

仪式需要精心的设计，适当运用灯光、色彩、音乐、美术等元素，营造庄重严肃氛围，可以通过行为、语言等将群体带入特定情景。例如组织党员到革命纪念馆、革命旧址等场所重温入党誓词、过集体政治生日，到红色教育基地开展学习培训，会让党员有更深刻的感触。

3. 评估，让组织生活有序有常

有规范模板参考，加上必要的仪式化植入，组织生活质量得到了有效提升。可是对日常的组织生活，如何常态化高质量开展呢？

对此，党建工作者们可以结合实际，从"过程+效果"两方面开展双重评估。

过程质量评估可以参照民主评议党员制度，设置组织生活督导员，开展常态化督导，对会议的过程进行视频录像、上传存档；同时通过工作模板的分类定制，为基层支部提供常规"三会一课"的记录范本，确保组织生活的质量。

效果评估可以从以下三个方面着手：**检查调研一体，**利用党建检查，现场查对资料，抽取支部党员代表座谈、问卷调研等方式，了解组织生活参与情况是否与记录一致；**定期支委考评，**定期对公司党建工作、支部组织生活落实情况进行全面测验，检验支委班子的履职情况和组织生活落实情况；**案例整理分享，**尝试分期分类录制组织生活视频，选取质量高的典型视频案例纳入库中，作为观摩学习的范本，以备交流提升。

支部分类管理

即使在同一个企业内部，所属党支部因涵盖部门、单位业务性质不同，工作侧重点不同，呈现不同的特性。“一刀切”的管理方式往往会造成党建指导和支部考评不能适应基层的情况，无法更好地结合实际创新开展工作。所以，需要针对不同类型的支部开展精准管理，打造适宜的发展空间，让支部名副其实强起来。

首先，精细分类。坚持“围绕中心，服务大局”的原则，根据各部门、单位的中心工作，可以将党支部分为管理部门、支撑机构、基层单位等类别。党支部分类管理要坚持典型引领和齐步登高相结合，在各类党支部中打造一个标杆支部，带动同类别支部“对标、达标、提标”，推动高质量发展。

其次，科学分解。明确各类别党支部的工作方法和内容，编制“一书一纸一本通”。“一书”即“年度党建工作任务书”，“一纸”即“月度党建工作明白纸”，“一本通”即“各类别党支部工作一本通”。明确各类别党支部“常规工作任务、重点工作任务、支部资料清单”等，实现精细化管理。常规任务以强化政治功能建设为主攻方向；重点任务以提升支部组织力和价值创造力为着力点，引导各类党支部发挥党建优势，实现党建促发展；资料清单则是结合实际工作和管理措施，分类设计党支部存档资料，简化党支部资料留痕工作量。

再次，“三级联创”。建立“三级联创”支部分类进阶机制。按照“标准化党支部、过硬党支部、先锋党支部”三个层级，开展党支部规范建设和“三级联创”，打造坚强战斗堡垒。第一层级为“标准化党支部”，围绕组织建设、组织生活、党员管理、信息台账、活动阵地“五个标准化”，设置考核指标，细化建设标准，量化达标分值，全面提高基层党支部的标准化建设水平。第二层级为“过硬党支部”，围绕组织建设、党员队伍建设、作用发挥、业绩成绩、特色工作“五个过硬”，设置加分指标，分类明确过硬标准，激发创争活力，全面增强基层党支部的组织力、凝聚力、战斗力。第三层级为“先锋党支部”，聚焦支部在理念创新、机制创新、载体创新、手段创新等方面形成的实践成果，聚焦先进典型选树、党建品牌传播等工作，分类设置加分指标，强化正向激励，引导基层党支部创先争优。

最后，分类考评。严格支部考核，分类开展支部考核评比，实施“三级联创”动态管控机制，分类明确重点考核指标，更好地发挥考核指挥棒的作用。考核要凸显全周期，不以一次考核定输赢，通过月度“回头看”、季度“分类抽”、半年“全面检”，进行全面考核。考核要突出多维度，结合中心工作设定指标体系，使考核导向集中在提升“党建价值创造力”上，推动实现“以党建促业务”“以业务强党建”的良性循环。考核不能“宽、松、软”，明确基层支部党建的具体职责、支委履责内容后，要列明奖罚条款，严格贯彻执行，引导支部主动抓党建、创先进，形成党建活力竞相迸发、全面迸发的新局面。

抓党建述职评议，全面评估工作

中共中央组织部在《关于做好2018年度党委（党组）书记抓基层党建述职评议考核工作的通知》中，列出了述职评议考核各个环节的“负面清单”。在述职内容上，要求深入剖析存在的突出问题，特别是工作中的形式主义、官僚主义问题；在工作调研中，要求多看工作成效、多听群众意见，少查资料、少翻台账、少看展板，坚决防止简单地以开会发文、留痕多少来评判工作好坏的现象；在推进过程中，要求基层党建工作考核结合领导班子和领导干部年度考核进行，述职评议会不能片面追求形式创新，坚决防止搞形式、走过场。

国有企业要从严从实用好“基层党组织书记抓党建述职评议”这个抓手，在较真上用实招，在务实上求实效，引导各级党组织“业务上的成效从党建上总结经验，业务上的差距从党建上查找原因”，不断激发出基层党建的活力和内生动力。重点做好述前、述中、述后三个阶段“七个环节”的工作。

1. 制订方案

根据中共中央组织部印发的《党委（党组）书记抓基层党建工作述职评议考核办法（试行）》，述职评议一般安排在当年年底或次年年初。要采取规定动作和自选动作相结合的方式，制订出符合国企党建规律和基层党组织实际的操作方案。要注重示范带动，上级单位应带头开展述职评议，采用会上述职与书面述职相结合的方式，层层进行述职，级级作出榜样。

2. 开展调研

述职评议会议前，要认真学习有关文件精神，开展专题调研，广泛征求意见，基层党组织书记全面总结一年来的党建工作情况，全面梳理分析本单位党建工作取得的实际成效、存在的薄弱环节和重点难点问题。

3. 撰写报告

述职必须严肃认真，述职报告要突出责任导向和问题导向，要采取写实方式撰写，以履行第一责任人职责情况为主线，对照述职评议的主要内容，紧扣工作实际。防止只讲成绩、不谈问题，防止以年度总结代替党建述职，防止泛泛而谈、空洞无物。

4. 述职评议

建议实行党政同述。没有离开政治的业务，也没有脱离业务的政治，述职人必须对党建和业务都很熟悉。针对书记和行政一把手不是同一人的情况，应该两人同述或交叉进行述职。述职评议会由党委主要负责同志主持，行政负责人参与。领导对基层问题应掌握清楚，重点指出值得肯定的经验、存在的突出问题和下一步努力的方向。

5. 会议测评

述职结束后，参会人员对每位述职人员述职情况进行评价，按照“优秀”“称职”“基本称职”“不称职”四个等次进行评价。

6. 整改落实

述职评议工作结束后，述职人员应当根据述职评议中提出的意见，研究制订整改方案，提出整改任务和整改措施，并把整改落实情况纳入下一年度述职评议中，把述评考“一天的事”变成抓工作“一年的事”。

7. 结果运用

结果必须真用。党建工作述职评议，一般与领导干部年度考核一并进行。要把述职评议结果作为考评、考察干部的重要参考，把党建工作情况作为评价基层党组织书记政治上强不强、实绩好不好、作风实不实、工作称职不称职的重要标准，并作为评先树优、选拔任用干部的重要依据。

从严从实抓好述职评议，可以从以下几点入手。

述职内容格式化。述职报告采取统一格式，防止把个人述职写成班子汇报，防止只讲成绩不说问题，防止只点问题不提整改，做到见人、见物、见思想。

自身成效案例化。通过讲述一个抓党建出成效的具体事例，用具体生动的情节和数据、鲜明的前后成效对比为自己的履职代言，让参会人员现场品味工作是否真正取得了实效。

述后整改条目化。将自查发现的问题、群众提出的问题、点评点出的问题归纳成条目化清单，逐一反馈，明确责任，限期整改，并将整改的实际情况作为下个年度述职评议的重要内容，督查督办，跟踪问效。

山东电视台《问政山东》栏目，对省直部门一把手进行电视直播问政，自开播以来，曝光了100个大类近300项具体问题，做到了动真碰硬、求真务实、问政犀利、监督有力。党组织书记述职评议也要尽量达到这种效果。

延伸阅读

现象级电视问政类节目《问政山东》养成记

《问政山东》作为全国首档省级融媒体问政监督类节目，对省直部门一把手进行电视直播问政，直面问题，直面群众，破除官僚主义、形式主义，做到了动真碰硬、求真务实、问政犀利、监督有力。

一、问政山东，为什么要问？

《问政山东》是山东省委、省政府自上而下、刀刃向内的改革举措，旨在扭转工作作风，提升官员形象，改善山东政治生态；旨在践行群众路线，回应社会关切，破解堵点、痛点、难点问题。

二、问政，到底问什么？

问政问什么，选题很重要。栏目的选题原则是：领导关注、群众关心、典型意义、能够解决。《问政山东》任何一个问政选题，都要符合这四个原则，防止出现“打偏、打软、打爆、打空”的现象。

（一）选题以山东省委、省政府的中心工作为重点，以具体事例、具体问题督办问政的方式，倒逼政府部门绘制“施工图”，列出“计程表”，加快推进工作落实。

（二）选取人民群众最关注的问政内容：形式主义、官僚主义，不担当、不作为，信息壁垒，一次办不好，以及各种民生痛点、堵点、难点。

（三）围绕工作重点，找到典型事例，结合群众提供的线索展开调查，让问政的内容更典型、更丰富、更深入、更准确。

（四）选取能够解决的问题。在问政“回头看”过程中，同样的问题“举一”要“反三”。

三、问政，如何一辣到底？

在新的舆论监督时代，电视问政就像一道川菜，“辣”是它的灵魂。那《问政山东》怎么才能做到一辣到底呢？

（一）稳准狠，选题、调查要辣

一些典型、尖锐、触目惊心的选题，往往自带辣味，再通过前方记者的深入调查，抓住主要矛盾，抓到关键证据，更是辣上加辣。例如，短视频《县界非法采砂太猖狂！问政记者深夜调查遭多车围追堵截》在各个平台总推荐量超1300万次；《应付环保检查、蒙蔽卫星监测，新泰这座矿山被涂上了绿漆》全网浏览量超过2000万次。

（二）现场问政要辣

除了选题要辣、报道要辣，“问得辣”才是决定每期《问政山东》成功的关键和“试金石”。

1. 问题有锋芒

每期问政的主题很大，如何确保问得辣、问得实？要坚持“大主题，小切口”，紧紧围绕调查内容，细细解读，从具体问题中来，到具体问题中去，切口越小越好，针对性越强越好，确保每一个提问都不“跑空问偏”。问题要呈现犀利的效果，一定要尽可能地简短，才能得到直接的回答，才能实现连续追问，从而把问政节奏提起来，提升问政节目的观赏感。

2. 打断，也是一种态度

在问政直播过程中，督办员李莎经常打断一把手们的回答。“我打断一下，我们不想听您细说原因了。”“厅长，您就给我们一句话，这事能不能办？”官员来到问政现场，不是来讲理由、摆功绩的，必须直面问题、当场承诺。例如，在督办员不断追问和打断下，逼得山东省自然资源厅厅长李琥明确表态："刚才都说了，马上要处理。就看他处理不处理，不处理我们去处理。"

3. 出其不意亮"大棒"

问题的犀利程度，还体现在是否能在最关键的时候拿出关键的"大棒"。"大棒"可能是相关部门自己发布的政绩新闻，也可能是他们自己出台的政策、汇报材料、公开承诺。一份报表、一项政策、一条信息、一个数字、一个现场镜头，都可能成为出其不意的"实锤""大棒"，往往会给被问政官员"当头一棒"，达到"红脸""出汗"的效果。

4. 守位，不能为辣而辣

电视问政的目的是要发现问题、分析问题、解决问题，《问政山东》始终拒绝"羞辱式"发问，拒绝把问政现场当成"斗兽场"。对主持人来说，在节目中最重要的是"守位"，而不要"越位"，更不能"抢戏"。主持人可以穷追不舍、一问到底，但不能为辣而辣，让官员下不了台。

四、问政，如何才能长效？

随着《问政山东》的播出，官员的回答技巧越来越熟稔，观众和网民的眼光越来越挑剔，《问政山东》还能走多远？如何保持长效问政、"辣味"不减呢？

（一）不断创新，出其不意

不断创新形式和内容，保持《问政山东》的活力。例如，为了解决政策落地"中梗阻"的问题，从第二期问政交通运输厅开始，全省16市相关职能部门一把手也被请到了演播室，随时可能被现场问政。又如，在第10期节目中，《问政山东》以“回头看”的形式，邀请4名省直部门主要负责同志自我检验问题整改成效。

（二）一追到底，举一反三

《问政山东》要想一“辣”到底，就必须一追到底，更要举一反三，打破“头痛医头、脚痛医脚”的怪现状。每场电视问政直播结束后，山东广播电视台都会安排好4～6路融媒体记者跟随督导组追踪问政，将问题处理的结果在各大新闻媒体发布，形成强大的融媒体追踪阵势。每期节目开场，都对一周的整改落实情况进行“总盘点”；每隔4期进行一次“回头看”，督导旧问题，发现新问题；对一把手们当场作出的长线承诺，列出承诺时间表，到期调查是否兑现。

（三）长效问政，机制保证

积极寻求长效问政的机制保证。栏目组向山东省创新公开监督机制协调办公室建议：以季度或者半年为一个周期，通过网络问政答复率、被曝光次数、电视问政效果等指标，运用大数据手段对被问政部门、各级党委政府进行用户画像并制作出满意度图表，呈报给省委、省政府主要负责领导，并下发给各地党委、政府，形成工作落实紧迫感与长效评价机制。山东省创新公开监督机制协调办公室还要求，被问政的厅局要在两个月之后，将整改情况在报纸、网站、客户端上公示。

——摘自新华社报刊网

行之有效

组织生活案例——“模板化”的组织生活

国网潍坊供电公司坚持“统一活动主题、创新落实形式”的原则，实行主题党日模板化管理。围绕学习教育、参观考察、竞赛比武、志愿服务、先锋先行、政治关爱6个主题向全公司范围内的327个党支部公开征集主题党日设计模板，各个支部报送的党日设计方案经过专家组层层筛选，最终入选了20个精品方案。这些方案被汇编成册在公司范围内进行了公开发布。有了成套的模板作参考，该公司各支部的党日活动逐渐变得主题鲜明、有声有色。

1. 开展要求

灵活选择实施。各支部在典型方案选择时，可针对每月主题选择其中一类或将几类融合应用，丰富活动载体，灵活多样开展主题党日活动。

做好经验积累。通过每月主题党日活动开展，不断积累好的创意、做法。参与年底组织的典型方案征集补充，进一步完善主题党日典型方案库。

严格过程管控。年底前每个支部至少开展8种不同形式的主题党日。党建部将结合党建工作月度“回头看”、季度“分类抽”系列检查，查看各支部主题党日开展情况，确保每月一特色。

2. 模板示例

<table>
<tr><th colspan="4">×××党支部主题党日活动方案（竞赛比武）</th></tr>
<tr><td>活动主题</td><td colspan="3">“我是支部星代言”党务知识PK赛</td></tr>
<tr><td>活动时间</td><td></td><td>活动地点</td><td></td></tr>
<tr><td>参加人员</td><td colspan="3">×××党支部全体党员、入党积极分子</td></tr>
<tr><th colspan="4">答题环节</th></tr>
<tr><td>第一轮
“星必会”
（必答题）</td><td colspan="3">“星必会”题库举例：
1.为选手蒙眼，要求全文背诵入党誓词。
2.出示三位模特(西装、工装、衬衣)，请为他们正确佩戴党徽，并回答党徽应该佩戴在什么位置。
3.你知道党日和党费收缴的时间是哪天吗？
4.最近刚刚结束的民主评议党员，你的评议等次是什么？你是怎么知道的？
5.你知道自己支部的委员分别是谁吗？
6.习近平《三十讲》的全称是什么？
7.请给大家示范一下：一份标准的党员学习笔记该如何撰写。
……</td></tr>
<tr><td>第二轮
“星快闪”
（抢答题）</td><td colspan="3">“星快闪”题库举例：
1.党员身边“三无”主要指哪“三无”？
2.巡视巡察中，要求党员出具多久以来的党员笔记？
3.支部的委员是如何分工的？
4.现在的学习强国平台积分每天最高可以答多少分？
5.党员身边三亮是哪三亮，三比是哪三比？
……</td></tr>
<tr><td>第三轮
“星夺冠”
（风险题）</td><td colspan="3">“星夺冠”题库举例：
1.选择题：你知道《中国共产党支部工作条例（试行）》中“好钢用在刀刃”上是谁在什么时候说的呢？
2.今年学习平台强国快闪中出现频率最高的一首歌，名字是什么？你能唱几句吗？</td></tr>
<tr><th colspan="4">计分规则</th></tr>
<tr><td colspan="4">1.每位选手（或团队）初始分为100分，每轮分数累加进入下一环节，三轮竞赛结束后最高分者获胜。</td></tr>
</table>

续表

2.每答对一题加10分，超时、答错、不答或答不完整的，不得分也不扣分。 3.每轮比赛结束后，支部书记对每位选手（或团队）的分数进行公布。 4.支部书记宣布三轮得分，为第一名选手（或团队）授予“我是支部星代言”徽章，在党员亮化积分中给予适当加分，并在支部相关栏目版面中进行通报展示
预期效果
通过开展“我是支部星代言”党务知识PK赛这种类型的主题党日活动，打破竞赛比武类党日必须在专业部门举办的思维限制，将目标放宽到所有类型的党支部，并可以根据需求开展单场赛、季度赛、循环赛、党小组或党支部联赛模式，以赛促学，实现党务知识强化普及常态开展

案例评析

严格党内组织生活，是中国共产党的优良传统和政治优势。增强党内组织生活“仪式感”，对于克服党内组织生活不讲原则、平淡化庸俗化随意化的倾向，推动党员干部将政治信仰融入情感之中、内心深处，形成个体自觉、集体记忆，不忘初心、砥砺前行具有重要意义。要过好组织生活，首先要夯实基础，彰显党内组织生活的规范性严肃性；其次要营造氛围，体现党内组织生活的庄重感、庄严感；最后要注重创新，提高党内组织生活的创造性和吸引力。

述职评议案例——用述职“小考”答好疫情“大考”

2020年疫情期间，面对减少人员聚集、减少集中会议的防疫要求，党建工作如何作出实效？如何为打赢疫情防控阻击战提供坚强政治保障？国网潍坊供电公司采取“党政同述、书面+视频”的方式，开展党建工作述职评议，对市、县公司的40位党组织书记和38位行政负责人进行述职打分，同步组织市公司各党总支和各县供电公司对所属248个党支部开展述职工作，通过述职进行了一次全面“政治体检”，凝聚了“抓好‘战时党建’，激发最强战斗力”的共识。

“两手抓”促进“两融合”

国网潍坊供电公司致力于“业务上的成效从党建上总结经验，业务上的差距从党建上查找原因”这一习惯养成，按照“党委抓统领、专业抓融合、支部抓落实”的基本路径，推动党建与业务深度融合，通过述职这一党建工作手段，助力业务工作的总结和提升。

单位的行政负责人以党组织副书记或委员身份进行抓党建工作述职，实现党组织书记、行政负责人“两手抓”，是国网潍坊供电公司促进党建与业务“两融合”的一项创新举措。

“小故事”展现“大作为”

为防止述职报告只是“写得漂亮”，国网潍坊供电公司不仅让述职者书面汇报，还要求述职者通过讲故事的方式，检验抓党建工作中发挥的作用，倒逼干部提高认识、履职尽责、示范带头。

该公司城区供电中心党支部书记在抓党建工作述职时，讲述了这样一个故事。2020年1月初，潍坊入冬第一场寒流夹着大雨雪来临，气温降至-7℃。因受市政工程影响，潍坊育英学校周边区域计划7日6:00～20:30停电，当日正值期末考试，正常的教学秩序受到严重影响。作为公司彩虹共产党员服务队队长，我获悉情况后，迅速协调好一台200千瓦发电车提供应急保障。“发电机发出的嘈杂轰鸣声，今天听来特别悦耳”，老师们的感谢让我感受到了一名党员干部干事担当、为民服务的使命感和责任感。

“新形势”催生“新形式”

在疫情防控的关键时期，广大党员干部发挥先锋模范作用，全部冲到了疫情防控的第一线。他们不时需要召开多人现场会议，这不仅有感染病毒的风险，还耽误时间。为此，国网潍坊供电公司采用视频方式召开会议，在提高工作效率的同时，还能保持严肃感和现场感。

案例评析

开展党建述职评议，是贯彻党要管党、从严治党要求的重要举措，是落实基层党建责任的有效抓手。党建述职评议，范围要全，程序要严，内容要实，评议要真，唯其如此，方能有效落实基层党建责任。在疫情防控这场“战疫”中，国网潍坊供电公司用述职“小考”，创新述职形式，既全面、真实地反映了基层情况，又提高了工作效率，凝聚起了打赢疫情防控阻击战的硬核力量，在答好抗疫“大考”中交出了合格的答卷。

党员是党的肌体细胞。党员队伍素质高，党的力量就会强。党员队伍充满活力，党的事业就会生机勃勃。要引导广大党员在思想上当先进、在业务上当尖子，在工作上当表率，在业绩上当标杆，以党员队伍素质提升，带动员工队伍素质提升。

第三讲

一名党员一面旗帜

本讲导读

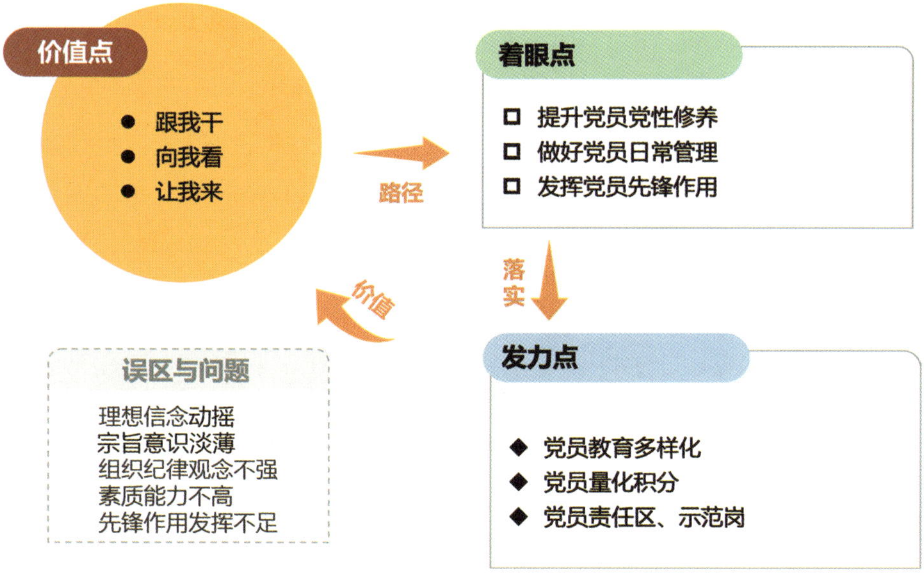

谋之有道

价值分析

合格的党员形象是什么？杨得志在其回忆录里写道：“红军中的党组织是秘密的，但究竟谁是共产党员，大家都能猜出个八九不离十。”不是大家有慧眼，是他们的行为证明“这就是共产党员”。尽管时代已经不同，但结论仍惊人相同：共产党员是与众不同的。周围的群众往往通过一名共产党员身上体现出的“与众不同”，看到了党的作风、党的形象。

《关于推进“两学一做”学习教育常态化制度化的意见》中要求“各级党组织要教育引导广大党员按照‘四讲四有’标准，做到政治合格、执行纪律合格、品德合格、发挥作用合格”。

政治合格是国企党员的根本属性，党员必须以自身的坚定信念和鲜明的政治立场来夯实中国特色社会主义的政治基础；执行纪律合格是国企党员的生命线，党员必须带头执行规章制度，确保党的决策部署在基层的执行；品德合格是国企党员的价值导向，每个国企党员必须爱国、爱企、爱家、爱社会、爱人民，带头践行社会主义核心价值观；发挥作用合格是国企党员的行动指南，国企党员只有在本职岗位上撸起袖子加油干，带动群众一起干，才能有效推动国有企业做强做优做大。

问题与对策

随着世情、国情、党情发生深刻变化，党员队伍建设也面临一些新挑战，如少数党员理想信念动摇、宗旨意识淡薄、组织纪律观念不强、素质能力不高、先锋作用发挥不足等挑战。有效应对挑战，进一步加强党员队伍建设，应从党性教育、党员管理和党员先锋模范作用发挥3个方面下功夫，其中党员先锋模范作用发挥是重中之重。

党员的先锋模范作用“始于思、践于行”。一个人主观想不想干事，是主动干事还是被动做事，是“我要干”还是“要我干”，立足点不同，效果也大不一样。对党员干部来说，想不想干事，反映的是党性修养问题，是世界观、人生观、价值观的问题。从宣誓入党的那一刻起，“对党忠诚，积极工作，为共产主义奋斗终身”的铮铮誓言，就是每一名共产党员的初心。每一名党员都应该从自我做起，不负信任“向我看”，珍惜韶华“跟我干”，担当面前“让我来”。

参之有据

党性教育

1. 经常性 + 渗透式：加强党性教育

增强党性教育是对党员进行教育、管理、监督的重要内容，也是组织生活的重要内容。对国企党员来说，党性强重点体现在政治立场坚定上，在工作中具体表现为爱岗敬业、创造效益、尽力确保企业生产经营目标的完成。党员要将个人价值与企业价值统一起来，通过为企业创造利润、为国家创造效益、为社会创造财富，实现自己的个人价值。

组织生活是国有企业开展党员集中性和经常性教育的主要方式，除此之外，我们还要依托新媒体和网络，引导党员积极使用“学习强国”等平台，利用工作空闲的“边角时间”，多方位、多层次、多形式地开展渗透式教育。例如，结合“七一”等关键时间节点，开展“有温度、有深度”的党内关怀教育，增强教育效果，增强党员的荣誉感、归属感和责任感。

2. 全覆盖 + 新方法：创新讲授方式

党性教育应尽量做到内容丰富全面，方式多种多样。实践中包括以下5种讲授方式。

讲授型。讲授型相对较为传统，对讲师的水平和授课内容要求较高。为了确保讲授质量，企业可以结合实际打造自己的讲师团队，量身定制原创课程，利用企业相关活动，教育党员保持先进性，立足岗位作贡献。

体验型。可以组织优秀党员代表到党性教育基地接受政治洗礼；还可以到工作现场、党员服务队基地，到任务重、矛盾多的岗位“轮岗”体验，在急难险重任务中实践锻炼；组织重要岗位人员到法庭、监狱等场所，开展警示教育，感受警钟长鸣。

带动型。注重典型教育，充分挖掘企业内部先进典型，用好生动鲜活的案例，引导党员学习先进典型和身边榜样。开设“先模工作室”“流动课堂”，树立起党员群众看得见、学得着的先进典型，引导广大党员对照身边先进、学习身边先进，提高党性修养。

观摩型。组织党员、领导干部观摩学习，进行直观体验。例如，上级党组织召开理论中心组学习时，组织下级党组织中心组成员观摩学习，以直观的形式开展学习研讨；定期组织党员到先进企业参观学习，有助于开拓视野，学习先进管理模式；开展联合创建、联合主题党日活动，有利于不同单位间相互交流学习、相互促进提高。

模拟型。以情景剧展示的方式开展授课，模拟召开专题组织生活会、民主评议党员、发展党员、换届选举等，开展情景式教学，会让党员有更直观的感受。

3. 针对性 + 定制化：做好受众细分

《2019—2023年全国党员教育培训工作规划》指出，“党员教育培训要坚持分类指导、按需施教，坚持联系实际、继承创新，坚持简便易行、务实管用”，同时指出，“要防止不分层次对象‘一刀切’‘一锅煮’”。因此，党员教育不仅要分类分层，还要结合实际，建设“四类三阶”党员教育培训体系是将二者相结合的有益尝试。

所谓“四类三阶”，是指针对国有企业的党务工作者、党组织书记（委员）、普通党员、青年党员等不同人群，结合实际为其量身定制培训方案，编写简明实用的培训教材，采用外聘讲师和内部人员授课相结合的形式，由浅入深开展基础强化、素质提升、管理进阶3个层次上的培训。例如，针对基层党支部委员分工不明、履责不力的短板，尝试开展委员分类培训，开设党建工作实务、群众工作、支部管理经验分享等相关培训课程；面对青年党员和新发展党员，要针对青年兴趣特点，因势而新，抢占网上思想教育的话语权。

延伸阅读

加强党性修养的途径

党性修养，主要包括政治修养、理论修养、思想意识修养、组织纪律修养、作风修养、科学知识修养等。党员的党性不可能自发产生，只有通过刻苦学习，认真改造世界观才能逐步树立起来。提高党员干部的党性修养，需要多措并举，把教育、管理、监督、激励、惩治有机结合起来，主要有以下途径。

一是加强政治学习。《论共产党员的修养》将党性修养的内容概括为马克思列宁主义理论的修养，运用马克思列宁主义的立场、观点和方法去研究和处理各种问题的修养，无产阶级的思想意识和道德品质的修养，坚持党内团结、进行批评和自我批评、遵守纪律的修养，艰苦奋斗的工作作风的修养，善于服务群众的修养，各种科学知识的修养，等等。加强党性修养，首先要加强学习。学习内容除了马克思主义经典著作外，重点要学好习近平新时代中国特色社会主义思想，切实领会其科学内涵和精神实质，以科学态度和求实精神，努力提高马克思主义理论水平，不断增强科学判断形势的能力、应对复杂局面的能力和总揽全局的能力。

二是增强党员意识。党性修养的目的，就是把自己锻炼成为忠诚、纯洁、进步的党员。对于基层党员来说，新时代党性修养的标准，就是向优秀党员看齐，力争做合格党员。这就要求对标先进，每个党员要对标合格党员的标准，全面增强党员意识。增强党员意识，首先是培植党员身份上的荣誉感、事业上的成就感、组织上的归属感。可以通过亮身份、民主评议党员、重温入党誓词、重学党章、过政治生日和党的纪念日、开展主题教育等活动，不断强化党员的身份意识。

三是强化组织观念。党性就是党员的组织性、纪律性、原则性、战斗性。刘少奇在《论共产党员的修养》中讲道："每一个共产党员在任何时候、任何问题上，都应该首先想到党的整体利益，都要把党的利益摆在前面，把个人问题、个人利益摆在服从的地位""为了党的、无产阶级的、民族解放和人类解放的事业，能够毫不犹豫地牺牲个人利益，甚至牺牲自己的生命，这是我们所说的'党性或党的观念''组织观念'的一种表现。"

四是强化宗旨意识。努力践行全心全意为人民服务的宗旨，将党性落实到依靠群众、服务群众、落实群众路线等具体的表现上，从根本上保持世界观、人生观、价值观的先进性。

五是运用好批评与自我批评武器。组织开展严肃认真的组织生活会和民主生活会，真诚地开展批评与自我批评，通过积极的思想斗争，发现、反省、改进思想和作风上的问题，使自己成为一个高尚的人、有道德的人、脱离低级趣味的人、有益于人民的人。

六是强化艰苦奋斗观念。党性还表现在如何处理“俭与奢”的关系上。共产党员不仅要做到拒腐蚀、永不沾，还要做到勤俭办事业，把艰苦奋斗的观念贯穿于工作和生活之中，争当提倡节约、反对浪费的模范。

七是加强科学文化学习。不注意加强科学文化学习，就不能成为本职工作的行家里手，就难以很好地履行党员的义务，更不能发挥先锋模范作用。

——摘自《新时代国企基层党建50讲》

党员管理

加强党员管理的根本目的，就是用党章规定的党员标准规范党员的言行，使每个党员都能严格遵守党的纪律，认真履行党员义务，充分发挥先锋模范作用，从而保证党的路线方针政策得以贯彻落实，保证党的各项任务能够顺利完成。

加强党员管理主要通过严明党的纪律、严肃组织生活、严格日常管理来实现。对党员的管理如何落在实处，产生实效，需要结合实际，对党员的各项工作展开量化测评。常见做法一般是通过制定科学合理的评价细则，将党员义务明晰化、作用评价公开化、考核管理经常化，全面评价党员，通过积分、星级评定等形式体现差距，再结合指标晾晒等形式，引导党员对照标杆找差距，不断实现创先争优。

党员量化考核一般分为7个步骤，形成一个螺旋上升的管理流程。

制定标准。党支部结合工作特点、党员岗位，制定本支部党员量化管理评分或评级标准，科学合理设置考核项目。

建立台账。将量化管理融入日常生活，进行台账记录。记录员由支委会指定一名委员担任，记录员主要负责情况收集、台账填写，以及量化结果记录、公示、上报等工作。

月度评价。党支部每月召开支委会，按照党员量化管理评价标准，结合支部掌握的党员履行义务、完成工作、承诺践诺等情况，动态记录党员月度量化考核结果，并标注清楚考核依据。

年度评级。根据月度量化考核结果确定党员年度等级，依据企业实际，在排名靠前的党员中选取一定比例，评为先锋党员。

结果运用。党员量化考核结果要作为民主评议党员时评定党员等次的主要依据。民主评议党员时，应优先在先锋党员中评定优秀党员。基层单位可结合实际，探索建立奖励机制，对先锋党员在政治待遇、学习培训等方面给予激励关怀。

信息公示。党员量化考核记录及结果要在支部党务公示栏公示，接受群众监督，若群众有异议可重新进行审定。

资料归档。各级党支部按要求整理好本支部党员量化考核相关材料，留存备查。

党员先锋模范作用发挥

要最大限度地发挥党员先锋模范作用，真正把党的“神经末梢”延伸到基层工作最前沿、群众内心最深处，需要相应的活动载体作为支撑。载体建设须与实际工作相结合，主要分为常态式载体、攻坚式载体、应急式载体和纽带式载体等几大类型。

常态式载体。根据党员工作岗位、工作范围等设置党员示范岗和党员责任区，把党员应尽的义务和应发挥的先锋模范作用，以责任制、党员承诺等形式落实下来，形成一个或几个以党员为主体、以固定岗位或一定区域为活动范围的党员目标管理形式。

攻坚式载体。针对生产、经营、管理、科研、服务中的重点难点工作，组织党员以项目攻关的方式解决。

应急式载体。指在急难险重任务中，发挥党员冲在前、干在先的作用。例如，以党员突击队、冲锋队等执行紧急任务为载体，或以具有行业特色或事件属性的党员服务热线等为实践载体。

纽带式载体。是党联系服务群众最直接的措施，群体性的载体是大纽带，党员个人服务是小纽带。例如，目前广泛推广的党员服务队、联建“第一书记”等纽带式载体。

其中，党员示范岗作为发挥党员先锋模范作用的重要载体，已经成为响当当的“品牌”，深受人民群众信任。要维护好这一“品牌”，国企可以在“设在哪、怎么设、怎么管、怎么用”几个问题上加强策划，做到重要岗位有党员，主要骨干是党员，关键时刻见党员。

1. 党员示范岗示范什么？

基层党组织的工作重点、工作中心不同，党员示范岗的标准也各不相同。如根据工作岗位和服务对象的不同，可以设置为管理示范岗、服务示范岗、奉献示范岗、安全示范岗、技术示范岗、稳定示范岗等。

又如，有的单位要求做到“四好”，即思想素质好、工作作风好、岗位业绩好、群众反映好，充分发挥共产党员的示范带头作用。有的单位要求党员做到“七好”：积极进取，政治思想好；以身作则，组织纪律好；勤奋学习，业务水平好；开拓创新，爱岗敬业好；乐于奉献，为民服务好；公道正派，廉洁自律好；诚实守信，道德品质好。

不同的单位，可以分别设立细化的指标体系，让标准更加具体化。

2. 党员示范岗活动如何开展？

设立党员示范岗，一般有两种形式：一种是开展创建活动，通过评比评选的方式设立；另一种是由基层党组织推荐，上级党组织确认。相对来说，创建设立示范岗方式的效果更好，一般流程如下。

一是制订方案、动员部署。结合党员分布情况、所属党支部类型，研究制定《创建“党员示范岗”实施方案》，明确标准、方法、步骤以及时间安排，并进行广泛宣传动员。

二是全员创建、发挥作用。组织所属党组织和全体党员，对照创建标准，围绕中心工作，全面开展各具特色的示范岗创建活动，调动党员先进性和积极性，在急难险重工作中发挥先锋模范作用。

三是严格把关、严格评选。经过一段时间的创建，由各党支部对照创建标准进行申报。活动领导小组严格按照创建标准，采取打分的方式，或者采取现场展示、群众测评的方式，评选出“党员示范岗”，报经上级党委研究、公示、确认。

四是公开挂牌，动态管理。上级党组织利用合适的时机，举行党员示范岗挂牌仪式。对党员示范岗应采取动态管理方式——每半年或一年进行一次评比或审核，发现问题及时督促整改，对不合格的应取消资格。

延伸阅读

罗振宇在2021跨年演讲中提到过一个“好玩的瞬间”——他和一位同事在机场，正埋头匆匆地向外赶路，同事突然指着一块牌子说：“这块牌子，老外要是能理解得了，才算真的理解了中国。”抬头一看，是这五个字：“党员先锋岗。”

如果给老外出一道题：在中国的机场、火车站、旅游景点、银行、邮局出现这样一块牌子——“党员先锋岗”，请问你是更愿意在这里排队，还是更不愿意？不知道老外会怎么回答。但中国人面对这个问题根本用不着思考，当然是愿意啊。因为在中国老百姓的眼里，“党员先锋岗”这五个字，意味着这块牌子后面的那个服务者的技能更高，服务态度更好。

作为发挥党员先锋模范作用的重要载体，“党员先锋岗”这块牌子已经成为一个品牌，“党员先锋岗”“党员责任岗”“党员示范岗”……牌子的名字可能有变化，唯一不变的“党员”二字，昭示着这个品牌背后是解决问题的枢纽，是可信赖的网络。

行之有效

党员教育案例——创新推动党史学习教育

自党史学习教育启动以来，国网潍坊供电公司充分利用地方红色资源，坚持学做结合，激励广大干部职工担当作为、干出精彩，创出了一套党史学习教育的特色做法。

1. 学习“守初心”，传承红色基因

将党史学习教育作为“第一议题”，明确时间表，绘制“路线图”，确定学、讲、培、竞、践、宣6个主要环节，从总体要求、学习内容、时间安排、组织保障4个方面周密部署，细化了28项具体措施，确保党史学习教育规定动作不走样，自选动作有特色。

针对党员干部和普通党员的不同特点，分类分众开展党员培训。领导班子带头参加所在支部、党建联系点活动，实实在在为基层答疑解惑，解决实际问题，以党史学习教育指导实践、推动工作；各级党组织通过“三会一课”、主题党日集中开展“七个一”学习活动，激发党员学习热情，主动提升理论素养，增加党史知识储备；广泛开展群众“学四史”活动，利用公司网站、党史学习教育专栏、楼宇电视等平台，滚

动播放学习视频，让党史学习教育入脑入心、无处不在。

坚持市、县一体协同推进，通过“在党史发生地讲党史”“码上学党史”等特色活动，将红色故事“串珠成链”，营造浓厚的学习氛围，引导广大党员干部在党史学习教育中汲取智慧力量，强化使命担当。

2. 宣讲“入人心”，凝聚奋进力量

依托企业讲师团，以“内外宣讲结合、双线并行联动”方式，灵活选派讲师，按需搭配课程，深入基层一线、校企社区开展“党史红课进一线”“党史红课五走进”活动，打造内容“实”、方式“活”、语言“鲜”的专属课程，让红色故事“活”起来。

发挥融媒体中心作用，开设“党史红课云讲堂”，确保所有党员“不缺课”“不掉队”。融媒体中心制作的党史学习教育视频，先后被中国共青团官微、山东省委组织部官微等新媒体平台转发，点播量超过200万次，赢得强烈好评。

“台上讲、台下听”变成“大家讲、同步学”，通过线下宣讲“直充电”和线上打卡“e充电”相结合的方式，把革命传统教育与公司高质量发展需要结合起来，不断增强党史学习成效，让广大党员群众能够听得懂、记在心。

3. 实干“映民心”，展现担当作为

国网潍坊供电公司坚持把为群众办实事作为党史学习教育的出发点和落脚点，深入落实服务企业专员制度，领导班子主动上门走访企业，了解项目进展、供用电情况，听取企业服务需求和意见、建议。该公司组织专业人员研究制订304个省、市级重大重点项目包保方案，建立三级责任包保体系，用心、用情、用力帮助客户纾难解困，打造了“我为群众办实事”的电力样板。

案例评析

党史学习教育是党性修养的必修课。开展党史学习教育，旨在学史明理、学史增信、学史崇德、学史力行，从党的百年伟大奋斗历程中汲取继续前进的智慧和力量。国网潍坊供电公司深刻领会“学党史、悟思想、办实事、开新局”的内涵要求，学用结合、以学促干，推进党史学习教育持续走深走实、见行见效，是鉴往知来、砺行致远的学习样板。

党员管理案例——党员量化积分管理

国网潍坊供电公司制定了一套科学的量化积分考核体系，通过积分的形式把党员的日常表现全面量化，特别是将党员量化积分与个人绩效薪酬挂钩，让党组织和党员彼此“心中有数”，解决了“政治坚定、党性坚强”等要素量化标准空洞、不同部门及不同业务间标准无法统一等难题。

1. 量化积分与党员绩效挂钩的理论建模

量化积分要想落地，必须充分考虑运行主体的实际情况。国网潍坊供电公司在探索中发现，如果以最小绩效考评层级为单位进行计算，例如在班组为最低层级的情况下，以班组为单位进行，通过独立核算党员绩效得分，可以让量化结果更加科学、管用。

在积分实际操作中，引入个人加权系数“先锋指数”，以加权的方式把党员量化积分纳入党员的绩效考评。通过党员量化积分的捆绑介入，打造党员收入“能高能低”的弹性杠杆。而收入“能高能低”作为工作成效、先锋指数“有高有低”的直接证明，不仅能有效激发党员当标杆、做旗帜的积极性，还有效避免了党员评价只在党内循环运转、融合性差、不接地气的问题。

2. 量化积分与绩效挂钩的加权计算

有了理论支撑，该公司量化积分的加权计算通过以下三步操作来实现。

第一步，开展党员个人量化积分评价。各支部根据评价指标标准，每月组织全体党员完成上月度党员量化积分自评。支委会对自评情况进行汇总、核实和积分公示。

第二步，开展党员先锋指数计算。各部门、班组绩效经理人根据支部反馈的月度党员个人量化积分，分别计算本部门、本班组党员先锋指数。计算公式如下：

$$\text{先锋指数} = \frac{\text{党员个人量化积分}}{\text{部门或班组内党员量化积分平均值}}$$

第三步，开展党员月度绩效评价。首先计算正常绩效得分，各部门、班组绩效经理人按照公司《绩效考核管理办法》完成党员正常绩效考评；然后计算党员月度绩效考评得分。计算公式如下：

$$\text{党员月度绩效考评得分} = \text{党员正常绩效得分} \times \text{先锋指数}$$

通过计算不难看出，量化积分较高和较低的党员，绩效薪金分别会有一定幅度提升和下降；常规绩效值相同的党员之间，作用发挥越小，收入越低；而常规绩效值相同的党员和群众相比，党员会因为先锋指数较低，最终绩效薪金低于群众。党员的先进性表现从绩效薪金上体现出来，而且由于先锋指数只应用于党员之间，几乎不会影响群众的绩效薪金。

案例评析

基层支部对党员教育、管理、监督如何落在实处、产生实效，需要国有企业不断结合实际进行探索。党员量化积分是一个较好的解决方案，通过制定科学合理的评价细则，将党员义务明晰化、作用评价公开化、考核管理经常化，再结合指标晾晒等形式，能够引导党员对照标杆找差距，不断实现创新争优。国网潍坊供电公司把党员的评价与绩效薪金挂钩，是一大特色，在不影响群众薪金的前提下，让党员的表现直观地在绩效薪金上体现了出来，真正“分”出了高下，对引导党员充分发挥优势、有效补齐短板具有较大促进作用。

党员作用发挥案例——“红袖章”安全监督员

为压实安全生产责任，让党员“自身不违章、带头查违章、身边无违章”，国网昌邑市供电公司建立“党员兼职安全员”制度，要求党员进入安全生产现场时，自觉佩戴“红袖章”，自动具备“兼职安全员”身份，念好“亮、树、争、带”四字诀，让安全生产无死角。

一是“三公开”亮身份。公开党员兼职安全员身份，佩戴“红袖章”；公开党员兼职安全员职责——党员“自身不违章、带头查违章、身边无违章”；每月党员大会，支部对党员兼职安全员工作情况进行公开，对所有“三违”党员，在党员大会上“说清楚”。

二是“三不让”树形象。不让上级布置的工作在自己这里延误，不让需要办理的事项在自己这里积压，不让各种差错在自己这里发生。

三是“三懂三能”争先锋。懂得操作任务及流程，懂得本岗位安全生产职责，懂得工作中安全风险点。能自觉遵守安全生产规章制度，能及时发现安全生产隐患，能及时发现违章作业。

四是“三帮三讲”带群众。讲安全、讲业务、讲党建；帮助群众总结经验，帮助群众解决生活问题，帮助群众提升思想认识。

自“党员兼职安全员”活动开展以来，该公司党员都佩戴上了“红袖章”，主动参与安全管理，推动了党建与安全生产的融合，为公司的安全生产筑牢了根基。

案例评析

常态式载体是指常态设置的用以引导党员立足本职岗位、发挥模范先锋作用的载体，国网昌邑市供电公司“红袖章”安全监督员就属于这一类，它同党员示范岗、党员责任区等形式异曲同工。戴上“红袖章”，就等于亮身份，明责任，既是对党员的一种身份确认和责任要求，又是对群众的示范和引领。

木欣欣以向荣，
泉涓涓而始流。

从价值源泉到价值流动，就像大树长出茂盛的枝叶、泉源泛出清澈的溪流，是党建工作逐步深入、价值再度增幅的过程。

“流动”和“带动”是党建工作实现价值的内在要求和核心动力。在国有企业，抓党建就是要找出所有能够创造价值的资源要素，让它们充分流动起来，为企业创造更多价值。这是强化党建引领、提升价值创造最直接、最便捷、最有效的途径。

价值流动主要通过思想流动、载体流动、数据流动和信息流动发挥作用。

第二部分

PART TWO

价值流动

——党建价值的实践载体

思想流动，通过理论宣讲，打造“讲师团”等新模式，坚定信仰信念信心。

载体流动，通过“党建+”，推动党建与业务融合，把党建优势转化为发展优势。

数据流动，通过智慧党建平台建设，用信息化手段为基层减负，用分析大数据的方法为党建提供决策依据。

信息流动，通过宣传工作，唱响时代主旋律，讲好国企故事，确保党的声音入脑入心。

人民有信仰，民族有希望，国家有力量。人心是最大的政治，共识是奋进的动力。在信息爆炸的网络时代，意识形态领域“不是东风压倒西风，就是西风压倒东风”。国有企业要发挥好自身优势，旗帜鲜明宣传党的主张，让员工更有信念，让干部更有情怀，让企业更有力量。

第四讲

讲师团，传递信仰的力量

本讲导读

价值点

- 让员工更有信念
- 让干部更有情怀
- 让企业更有力量

路径

着眼点

- 学习
- 讲习
- 传习

落实

发力点

- 组建企业“讲师团”
- 打造精品“课程库”
- 建立常态运行机制

价值

误区与问题

理论宣讲不走心
台上照本宣科
台下如风过耳

谋之有道

价值分析

思想政治教育，通俗地说，就是在人的头脑里搞建设，其使命任务就是举旗帜、聚民心、育新人、兴文化、展形象。如果所有员工都带着信念工作，带着情怀做事，企业一定会迸发出无限的力量。

思想政治教育工作让员工有信念。思想政治工作是鼓舞人的工作，员工看到光明的一面，有积极的心态，就会有良好的言行。思想政治工作若发挥出组织员工、宣传员工、教育员工、服务员工的功能，就能够不断增强员工的主动性和创造性，使员工意识到自己在企业中的主人翁地位，让员工有信仰、有情怀、有担当。

思想政治教育工作让企业有力量。思想共鸣是最牢固的黏合剂，做好思想教育工作，能够统一员工思想，使他们产生强烈的归属感，使企业内部形成强大的合力，有效应对各种风险挑战。

问题与对策

在一些企业的思想教育活动中，经常会看到这样的现象：授课者手拿讲稿滔滔不绝，台下却听众无精打采、心不在焉。整个活动形式单一、枯燥乏味，双方心照不宣地把理论学习当成一项规定动作去应付，很难取得理想的教育效果。

造成这种情况的原因是多方面的。从意识层面来看，在市场经济大潮的冲击下，各种文化交互碰撞，导致少数党员群众理想信念缺失，政治信仰淡薄；从执行层面来看，部分党建工作者业务能力不强，创新意识不足，没有主动发挥自身价值。这两方面原因导致员工思想政治教育工作效果不佳、形同虚设。

企业要提升思想政治教育水平，需把思想政治工作同生产经营管理、人力资源开发、企业精神培育、企业文化建设等工作结合起来，创新宣讲形式。

组建企业内部“讲师团”就是一种行之有效的方式。企业自己的讲师团更接地气，更了解员工需求，授课更有针对性。秉持贴近群众提升亲和力、贴近发展提升引领力、贴近实践提升说服力的原则，通过各级党组织积极发现、选拔、培养一批政治坚定、善于面向全体党员群众传播党的理论主张的优秀讲师，能够更好地服务企业党员职工的思想教育，还能为青年员工提供舞台，促进青年员工成长。

内部讲师团以面对面和交互式方式授课，通过现场解答、现场辩论，能够激浊扬清，打造共识，让员工想学、乐学、学有所成。这也是内部讲师团最具生命力的特长所在。

通过这个平台，让优秀的人有地方讲，让需要的人有地方听，让身边的人讲身边的事，用基层“听得懂”的语言“翻译”党的理论政策，让党的创新理论“飞入寻常百姓家”。

延伸阅读

中共山东省委讲师团

中共山东省委讲师团于1984年恢复，现为正处级参公事业单位（团长副厅级），编制为18人。下设办公室、研究室、宣讲协调室、学习服务室、信息资料室。近年来，山东省委讲师团根据省委和省委宣传部统一部署，坚持“融入服务、组织协调、拓展提升、创新发展”的工作思路，充分发挥组织协调和管理职能，整合资源，创新机制，着力打造“宣讲时间”特色品牌，在增强理论宣讲工作影响力、推动科学理论大众化方面进行了有益探索。

省委讲师团主要工作职责如下。

1. 组织实施重大主题宣讲。按照中央统一部署、省委和省委宣传部要求，组织实施重大主题宣讲工作。会同有关部门组建宣讲队伍、制订宣讲计划、编写宣讲提纲、组织集体备课、培训宣讲骨干，集中宣讲党的理论和路线方针政策，集中宣讲党中央和省委重大决策部署。

2. 组织开展基层常态化理论宣讲。坚持深入基层一线，结合经济社会发展实际，结合基层群众对美好生活的需要，针对人们普遍关心的热点、难点问题，面对面开展经常性理论和形势政策宣讲。组织百名社科理论专家与百家理论宣讲基地“双百结对联动”，加强基层宣讲骨干培训，开展宣讲志愿服务，采取形式多样、生动活泼的宣讲方式，推动党的理论创新成果进企业、进学校、进机关、进农村、进社区、进网络。

3. 组织开展系列百姓宣讲。组织"中国梦"系列百姓宣讲比赛，开展面向全省的巡回宣讲。通过普通百姓说事拉理，让百姓登上宣讲舞台，弘扬社会主义核心价值观，传递主旋律、正能量，打通理论宣讲"最后一公里"。百姓宣讲作为山东"宣讲时间"品牌的有机组成部分，自2013年起，已连续举办7届"中国梦"系列百姓宣讲活动。

4. 服务党委（党组）理论学习中心组学习。积极参与做好党委（党组）理论学习中心组学习服务工作，参与制订省委中心组学习安排方案、全省县级以上党委（党组）中心组理论学习安排意见，结合专题提供学习资料套餐，编印党委中心组学习参阅。

5. 组织开展理论研究和基层调研。组织策划省社科规划课题理论大众化研究专项，以理论研究提升全省讲师团系统宣讲能力和水平。加强调查研究，了解社情民意，总结新鲜经验，不断增强脚力、眼力、脑力、笔力，使理论宣讲、学习辅导更加符合党员、干部、群众的思想实际，着眼解决问题撰写调研报告。加强工作研究成果转化，组织编写通俗理论读物，办好相关刊物、网站、客户端等。

——摘自山东宣传网

参之有据

如何组建企业"讲师团"

组建"讲师团"首先要发动各级党组织发现、选拔、培养一批政治坚定、业务精湛、经验丰富的讲师，搭建理论宣讲平台，让讲师们进车间、进支部、进班组宣讲。要做到一方面为讲师赋能，发挥其特长；另一方面为思想政治工作赋能，提高其效果。讲师团应由党建部门负责管理，增强党建部门的价值创造能力。

1. 讲师从哪里来

国企要打造讲师团，首先面临的问题是“谁来讲”。

培育内部讲师是一条必经之路。讲师团队的主要力量应是内部讲师，也可少量聘请外部讲师，形成专业团队。以国网潍坊供电公司的内部讲师团为例，其外聘讲师不足10%，其余讲师全部来自企业内部。其中，大部分是企业内的专职党务工作者、党支部书记，一部分来自企业内部的优秀党员、先模典型；还有一部分则由优秀青年团员、业务骨干和离退休老同志共同构成。从企业内不同群体中选拔讲师，确保了不同受众群体的听课需求。

选拔讲师可以由员工自愿申报或部门推荐。党建部门经过面试、试讲，将合格讲师纳入讲师团信息库，并完善讲师个人履历、研究成果、主讲课程、视频资料等内容。

2. 讲师该如何培养

注重内外结合，加强讲师培训。本着“真学真信才会用心用情”的培养理念，着力培养一支善学习、能写作、会宣讲的讲师队伍，帮助其发挥最大价值。

强化学习。唯有具备扎实的理论基础、广博的知识积累和丰富的宣讲经验，才能成为优秀的讲师团成员。要引导讲师广泛阅读，扩大知识面，提升人文素养；要求讲师积极参与课程研发，撰写相关理论文章，提升理论素养水平。

实战演练。“台上一分钟，台下十年功。”要提升讲师的授课水平，必须经过大量的实战训练。可以结合基层单位宣讲、集中培训授课、党建大讲堂、优秀课程展评等工作，制订科学合理的讲师培训计划，尽量为讲师创造更多宣讲机会。同时，以教促学，促进讲师多讲多练，不断总结改进，逐步提高授课水平。

拜师学艺。“他山之石，可以攻玉。”与地方党委宣传部、理论宣讲团、党校等单位加强沟通交流，邀请知名专家为讲师团成员开展示范教学，做好授课能力“传帮带”；同时，积极选拔、推荐优秀讲师外出讲学，参加宣讲比赛，赴党性教育基地游学，增强讲师对党史、国史的切身感受，在交流学习中开拓视野和思路，不断成长。

如何打造“精品课程库”

理论只有为群众接受、所用，才能拥有持久的生命力。要注重针对性与引领性，围绕党的理论、党史国史、形势政策、党务实操、先模故事等内容开发“精品课程库”。

理论宣讲与广大员工学习需求的“无缝对接”至关重要。因此，要认真分析支部、车间、班组的不同需求，确定选题，开发相应的课程。例如，国网潍坊供电公司通过问卷调研和意见征集等方式来了解党员教育培训需求，并依据需求先后开发了党史国史、四个自信、青马工程、公司文化4大类60余门原创理论课程。

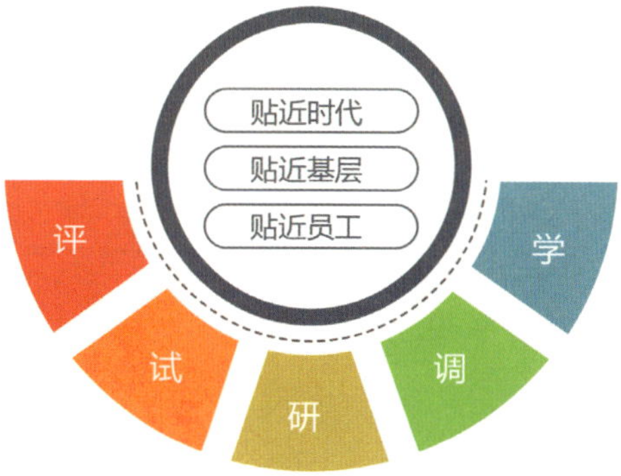

1. 内容选择：唯贴心方能动心

在课程内容设计上，要把握贴近时代、贴近基层、贴近员工的原则，让基层党员和员工听得“走心”、真正“动心”。

贴近时代：把牢正确导向，讲好方针政策“普通话”。突出解疑释惑作用，凸显专业特色，聚焦民生关切，帮助基层党员干部群众真正学懂、弄通、做实。

贴近基层：紧贴基层实际，讲好发展成就“本地话”。把方针政策融入身边故事，把抽象理论融入生动实践，使理论宣讲接地气、聚人气。

贴近员工：回应群众关切，讲好服务民生“暖心话”。收集、梳理广大员工关心的热点问题，面对面解疑释惑，心贴心交流互动，实打实点拨明理，让理论宣讲因事而化、入脑入心。

2. 课程研发：以精心打造精品

在课程研发上，要找准理论与实际的切合点，打造出“上有情怀、下接地气”的精品课程。可以参照“学、调、研、试、评”程序，让课程开发有序开展。

学：定期组织宣讲小组集中学习，全面了解党建创新理论。这既是课程开发的前提，也是讲师团素质提升的基础要求。

调：定期组织调研，弄清企业员工在理想信念、思想素质、党务能力上到底“缺什么”，需要“补什么”，动态修订课程研发计划。

研：以小组为单位，从主题选取、案例支撑、宣讲形式等方面集中攻关，凝智聚力研发课程。

试：课程最终的出炉，要历经“四关”：讲师自己练，找感觉；评审专家听，提意见；个别班组试，听反响；实战再打磨，定终稿。

评：按照不同课程类别，组织评选年度金牌课程，做好优秀课程分类甄别、分级标注工作，并将金牌课程统筹纳入精品课程库。

延伸阅读

如何讲好一堂精品课

1. 起点：讲好一堂标准课

对授课过程进行标准化规范，将授课流程分课前、课中、课后3个阶段。讲师在课前要集中学习规范流程要求，课中确保现场授课质量，课后要协助做好研发集问卷调研、课堂签到、授课评价、学员意见反馈等讲课信息统计工作。力求不同讲师同样程序，在确保标准的基础上再实现授课质量的突破。

2. 进阶：研究一堂爆款课

在授课形式上，除规范授课流程，根据授课对象、授课地点和授课内容的差异，以“交互式”“情景式”“模拟式”“云宣讲”等形式为主，不断提升授课效果。

交互式授课——讲师团最常采用的授课形式。讲师在宣讲过程中，与听众面对面交流互动，现场解答员工的思想疑惑，增强宣讲的针对性和实效性。

情景式授课——在宣讲中，利用能引起听众知识、情感、行为变化的具体场景，激发听众内心情感，增强对宣讲内容的认同。

模拟式授课——在讲师的指导下，听众模拟某一角色或在讲师创设的背景中，把现实中的情境微缩到模拟课堂，增强宣讲的互动性、认知性。

云宣讲授课——利用微信群、“学习强国”平台、钉钉群等网络平台，进行在线宣讲，实现云端授课。

3. 有成：组组都有主打课

授课要想打动人心，就要在课程研磨上多下功夫。可以根据专业分组，实施“1+1”授课计划，要求每组都要有一门主打课，组内每一名讲师必须结合自身实际做好主打课的二次加工，用身边人讲身边事，用身边事教育身边人，当好“官方话语”到“群众语言”的“翻译官”。

以潍电讲师团为例，青年讲师组将学习《习近平谈治国理政》（第三卷）与青年责任担当相结合；先模典型组将自己抗击疫情的先进事迹融进了国企力量、中国力量的发挥的内容；理论宣讲组将当地红色资源、革命先烈故事作为理想信念教育的切入点。

——据国网潍坊供电公司讲师团授课经验总结整理

如何运作“讲师团”

有了优秀讲师和精品课程后，如何使“讲师团”健康持续地运转起来，并融入企业日常工作呢？这需要建立两个机制，即宣讲机制和激励机制。

1. 宣讲机制

基层班组日常工作任务非常繁忙，大规模、高频次的宣讲会成为他们的负担。讲师团要坚持一切宣讲围绕听众，一切宣讲为求实效，结合班组政治学习制订计划，既不占用过多时间，又能提供丰富内容。

要注重“因事而化”“因时而进”“因势而新”，念好“配”“送”“点”三字诀，把好“效”“度”“时”三要素，切实让小讲师担起“大角色”，把小阵地拼成“大平台”，让小讲台发挥“大作用”。

“配餐制”——因事而化。根据年度党建重点工作，结合实际精准把脉问诊，回应员工思想关切，帮助解疑释惑。每季度编制下发季度宣讲主题菜单，确保为员工调配的“定制菜”配方合理，营养全面。

“送餐制”——因时而进。紧扣时代脉搏，顺应时代潮流，把握“送”餐节点，结合建党百年、党史学习教育、《习近平谈治国理政》（第三卷）出版等重要节点，主动送课上门，让员工及时吃上“时令菜”。

“点餐制”——因势而新。根据形势变化，瞄准“点”餐动向，与时俱进创新宣讲方式，由班组自主选择讲师、课程，满足差异化听课需求，为员工量身定制“新品菜”。

2. 激励机制

有效的激励能够充分调动讲师团的学习热情，可以有效推动宣讲活动的开展。

建立星级评定机制。根据授课次数、讲课效果、课程研发等指标进行综合评估，实行一星到五星的等级评定，设置讲师星级排行榜，从精神和物质两个层面对讲师进行激励。

建立动态管理机制。对讲师进行动态管控，参照星级积分，按照适当比例实行末位淘汰，及时清退不积极、不称职的讲师，吸纳新讲师入团补充。通过优胜劣汰，保持队伍的活力和质量。

建立品牌宣传机制。加大高端宣传力度，深入挖掘日常宣讲中的特色亮点做法，每季度集中向高端媒体平台推送，积极扩大社会影响力和知名度。打通高端展示平台，积极培育优秀讲师、优秀课程，讲师力争进入省市理论宣讲团，课程争取在“学习强国”平台推广，展示国企在理论宣讲上的价值贡献。

行之有效

管理模式案例——潍电讲师团巡礼

2019年5月，潍电讲师团正式成立。成立原因主要是基于三个方面考虑：一是为了贯彻落实习总书记让党的创新理论“飞入寻常百姓家”的要求；二是为了增强公司干部员工“四个自信”的需要；三是为了解决以往政治理论学习中存在的“照本宣科、枯燥乏味、形式单一”等问题。

潍电讲师团采用身边人讲身边事、面对面交流等方式进行宣讲，从过去的“关门搞政治”到现在的“上门送理论”，引导广大干部员工带着情怀去工作、带着信念去干事。两年多的时间里，先后经历了多次课件研磨、专题宣讲和优化改进，不断提升宣讲质量，扩大社会影响力。2019年12月，公司被命名为山东省理论宣讲基地。2020年7月，山东省委讲师团到公司进行专题调研，对公司在国有企业中率先建立讲师团的创新做法给予了高度评价。

一、讲师团公约

第一条：不忘初心，牢记使命，争做红色精神传承人。

第二条：忠诚履责，勇于担当，传递党和时代最强音。

第三条：立足实际，为党言声，架起群众沟通连心桥。

第四条：深入基层，对面交流，打通传播最后一公里。

第五条：用身边事，感身边人，引领岗位建功好风尚。

第六条：用心宣讲，持续改进，打造潍电先锋讲师团。

二、精品课程一览

潍电讲师团目前共开发精品课程70余门，课程内容涵盖四个自信、四史教育、党务实操、战略宣贯、青马工程等类别。

1. 精品库课程目录

课程类别	课程名称	创作人员
四个自信	党的十九届五中全会精神宣贯	李作兵
	党的十九届五中全会精神学习交流（规划类）	李玉志、刘堃、周阳
	党的十九届五中全会精神学习交流（营销类）	宋婷婷、曾乐宏
	党的十九届五中全会精神学习交流（生产类）	曹华明、王嘉雨
	党的十九届五中全会精神学习交流（建设类）	高光勇、李广跃
	党的十九届五中全会精神学习交流（产业类）	姜光、刘胤言
	党的十九届五中全会精神学习交流（供电所类）	陈建华、王琳、张正、高文杰
	《习近平新时代中国特色社会主义思想学习纲要》解读	李作兵
	中国特色社会主义制度和国家治理体系的显著优势	于振江、张海燕、曹华明、张波、王琳
	平语近人——习近平总书记用典	郑凯、张国营、刘海鹏、马世琳、庞琳
	从《忆大山》“文化自信”——习近平的“尊文”情怀	李玉志、赵理恩、窦锦江、李旭峰、唐敏
	党的十九届五中全会精神暨2020年四季度工作会议精神解读	叶楠、李成国、张蓝燕、邢家月
	从“疫情防控”看“制度之优”	王存平、高金伟、赵洪远、肖璐赟、叶卫华
	党的十九届四中全会精神专题解读	李作兵
	坚持正确方向 坚定文化自信	姜光、李毅、马桂民、程际凯、叶楠
	党的十九届四中全会精神宏观解读	张玉磊、孙绪晓、刘鹏飞、刘玉静

续表

课程类别	课程名称	创作人员
四个自信	讲论语故事、谈理想信念	伊西娟、朱慧、赵昕怡
	党的十九届四中全会公报重要关键词解读	伊西娟、朱慧、王瑜
	弘扬尽美精神、坚定理想信念	王夕鹏、王显铭、刘政彤
	从文化魅力中感知文化自信	李明、牛玉娜、魏玉芳、陈蕾、李恒蔚
	文化自信、聚力前行	毕京雷、王娜、张莉君
四史教育	马克思主义的真理光辉	李作兵
	论《共产党宣言》发表的深远影响	魏胜启、李仁飞、杨志刚、周扬、王鑫
	跨越时空的井冈山精神	于振江、张海燕、曹华明、张波、王琳
	从党章修改看党的建设的与时俱进	郑凯、张国营、刘海鹏、马世琳、庞琳
	历史的选择	李玉志、赵理恩、窦锦江、李旭峰、唐敏
	苍茫大地，我主沉浮	刘玮、毕盛伟、曹凯、朱虹睿、秦杨
	党中央在延安13年	姜光、李毅、马桂民、程际凯、叶楠
	中国共产党历届党代会及党章特点	张玉磊
	“3”谈马克思	王瑜、徐兴娣、马磊
	从衣食住行看时代变迁	刘军、侯振华、白瑞雪
	光明之路	刘军、白瑞雪、韩冰、刘雨欣
	“中国答卷”的背后	陈蕾
	一场峰会让世界读懂中国共产党	王娜
	“庄严宣告”背后的“初心告白”	王娜
	让电力之光普照雪域高原	孙延栋
	“船”越百年的精神密码	伊西娟
	我的第三战场	李亮
	98年光辉历程	李成国、何永香、邢家月、胡滨

续表

课程类别	课程名称	创作人员
四史教育	学党史 明初心 知使命	胡培勋、周苏芳、王炳荣、林宝明、李珊珊
	红色的足迹	宋德平、张涛、王国伟、李刚、傅庆茂
	唱想红歌嘹亮 传承红色基因	谭焱、张云龙、冯子刚
党务实操	中国共产党支部工作条例（试行）	刘桂云
	《中国共产党党内监督条例》解读	史大卫、黄博林、杜聿辉、徐晓先、孙锐
	七项组织生活制度	柳溪
	专题组织生活会和民主评议党员	伊西娟、王瑜、朱慧
	党支部换届选举工作流程	张波
	党员量化积分plus	庞琳
	发展党员工作流程	何永香、邢家月
	党务应知应会（农电版）	伊西娟
	三步走做好组织生活	刘雨欣
	如何做好支部资料整理工作	王琳
	用铁的纪律打造一流电力铁军	史大卫、黄博林、杜聿辉、徐晓先、孙锐
战略宣贯	国家电网公司战略目标体系解读及宣贯实践要点	李作兵
	深入学习贯彻具有中国特色国际领先的能源互联网企业战略目标（管理类）	魏胜启、李仁飞、杨志刚、周扬、王鑫
	推动国网公司战略目标在生产系统的落地实践（生产类）	李明、牛玉娜、魏玉芳、陈蕾、李恒蔚
	为国网战略目标落地贡献“潍坊模式”（营销类）	刘桂云、李言晓、王官成
	学战略 干精彩 建设具有中国特色国际领先的能源互联网企业（建设类）	胡培勋、周苏芳、王炳荣、林宝明、李珊珊
	深入学习贯彻国家电网公司“建设具有中国特色国际领先的能源互联网企业”战略目标（产业类）	王国伟、李刚、毕京雷、王娜、张莉君
	读懂战略“基色”擦亮青春“底色”	刘政彤、王伟琪、王金龙
	学进去 讲出来 做精彩	徐兴娣

续表

课程类别	课程名称	创作人员
战略宣贯	建设具有中国特色国际领先的能源互联网企业	京雷
	以战略引领发展	王英东
青马工程	入党誓词的演变	张云鹤
	感悟初心、感悟使命	王燕杰
	国旗诞生背后的故事	郑又畅
	我们唯一的选择——爱国	明书航
	重温《建党伟业》	闫格
	中国梦，我们的梦	褚鑫
	滇缅公路——抗战时期的生命线	张正杰
	毛泽东选集——穿越历史的智慧之光	夏玉涛
	渤海走廊的革命故事	林建州
	共和国核潜艇之父——黄旭华	张靖祺

2. 精品课程欣赏

陈雷《“中国答卷”的背后》

李亮《我的“第三战场”》

李作兵《马克思主义的真理光辉》

刘政彤《读懂战略“基色”擦亮青春底色》

庞琳《党员量化积分PLUS应用》

孙延栋《让电力之光普照雪域高原》

王娜《“庄严宣告”背后的“初心告白”》

王娜《一场峰会让世界读懂中国共产党》

伊西娟《“船”越百年的精神密码》-伊西娟

三、讲师风采

1. 省委讲师团聘书

2. 获奖证书

案例评析

国网潍坊供电公司讲师团自成立以来，人才辈出，硕果累累。一是讲师团成了人才培养的熔炉，锻造了一支善学、能写、会讲的讲师队伍；二是探寻了一条理论武装实践走深、走实、走细的新路径；三是打通了国企员工思想教育的“最后一公里”，解决了班组作为企业最基层单元的“思想根子”问题，为推动企业高质量发展提供了强大的思想动力。

“坚持服务生产经营不偏离，把提高企业效益、增强企业竞争实力、实现国有资产保值增值作为国有企业党组织工作的出发点和落脚点，以企业改革发展成果检验党组织的工作和战斗力”，这是国有企业党建工作的价值所在。要实现这一价值，必须真正让党建工作融入生产经营，融合资源要素，融创企业价值。

第五讲

做实“党建＋”

本讲导读

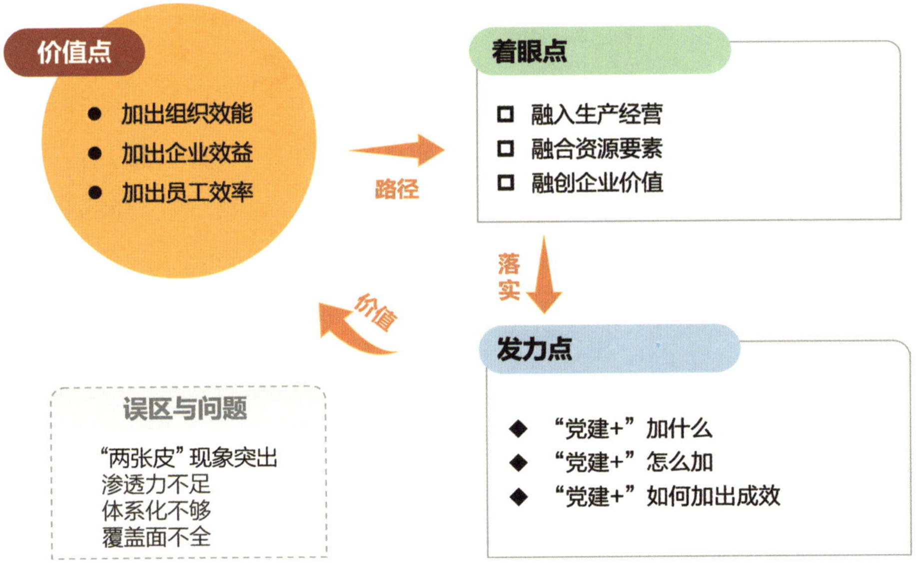

谋之有道

价值分析

“党建+”概念的形成，受到了“互联网+”的影响。但“党建+”与“互联网+”形式相似，本质不同，互联网是辅助手段，而党建是引领力量。“党建+”的本质，是坚持“党是领导一切的”，强化党建引领，推动党建工作与其他各项业务工作的融合，充分发挥党组织和党员先锋作用，把党建优势转化为发展优势。

从思想上讲，“党建+”是一种思维。干任何一项工作，国有企业员工尤其是领导干部，都首先要想到用党建来引领，正所谓“业务上的成效首先要从党建上总结经验，差距更要从党建中查找原因”。最终，应该把“有意识”地抓党建转变成“下意识”地抓党建。

从作用上讲，“党建+”是一个途径。国有企业党建的目的主要有两个：一是把党组织建设好，夯实党执政的政治基础，这个目的通过党建工作的基础管理来实现；二是把企业发展好，夯实党执政的经济基础，这个任务则由“党建+”来承担。推动党建工作与中心工作的融合，把党建优势转化为发展优势。

从发展上讲，“党建+”是一个过渡，是在扭转国有企业党建虚化、弱化、淡化、边缘化问题之时提出的阶段性概念。随着时代的发展，当党建工作达到更高水平，所有党员都真正达到第一身份是党员、第一职责是为党工作的境界，党建与生产经营完全融为一体的时候，再提“党建+”，也许就会显得另类了。

“党建+”是党建与生产经营融合的重要手段，明确“加什么、怎么加、怎么加出成绩”，推动党建工作与中心工作、重点工作、日常工作有机融合，是国有企业的重要课题。

延伸阅读

“党建+”的由来

2015年3月，李克强总理在政府工作报告中首次提出“互联网+”的概念，并成为当年中国年度五大流行热词之首。

2016年，全国国有企业党的建设工作会议召开，习近平总书记指出，“东西南北中，党是领导一切的”，国有企业党的建设要“坚持服务生产经营不偏离”。国企党建的重要性提到一个新的高度。

一些企业受到“互联网+”的启发，提出了“党建+”的概念，探索实践了各种“党建+”模式，比如党建+经济、党建+文化、党建+社会治理等，有效扩大了党建工作覆盖面，增强了党建工作牵引力，增添了党的生机和活力。

各行各业不同形式的“党建+”模式的不断衍生，为加强基层党建工作探索了一条新路径，为创新基层党建工作提供了更多、更宽、更广的思路，也为做好新时代基层党建工作提供了诸多有益经验。

——据相关资料整理总结

问题与对策

综观各行各业不同特色的“党建+”，虽然在一定程度上促进了党建与业务工作的融合，但也存在着一些共性的问题。

有的企业“党建+”只关联少数几项工作，存在覆盖面不全、体系化不够、渗透力不足等问题。

有的企业陷入形式主义误区，把“党建+”搞成“看上去很美”的花架子，将“党建+”模式当成了一层油彩。

有的企业把“党建+”当成大箩筐，给业务工作生硬地贴上“党建+”的标签，生搬硬套，起不到有效融合的作用，“两张皮”现象反而更为突出。

中国传统文化中素有“处心有道，行己有方”之说。“道”是价值判断、心中准则；“方”指行事规矩。这句话给我们的启发是：做任何事情要取得成功，首先需要明确真正的意义和目标，其次需要配合相应的途径、步骤和方法。

国有企业做好“党建+”应把握一个准则，就是以主动介入和积极引导为出发点，基于多元主体、多种方式和多重维度，对“党建+”的实施路径进行体系化构建，探索符合企业发展的多元实施路径。

在多元主体中，党委、专业和支部是决定“党建+”健康运行的三个重要环节。找准三者的定位，方能激发多方融合并进、全员共同参与，实现国有企业党建价值创造最大化。

党委在职责定位上是统领抓总，就是将“党对一切工作的领导”贯穿到企业改革发展全过程、覆盖到生产经营各方面，发挥党委政治领导、思想领导和组织领导作用，紧紧围绕“抓什么”，强化“党建+”的顶层设计、平台搭建和全面指导，推动党建和业务工作深度融合。

专业在职责定位上是融合主抓，就是将“党建与业务融合并进”的理念传导到公司各专业，明确专业部门推动“党建+”的主导地位和主体责任，丰富“党建+”实践载体，拓宽“党建+”深度广度，始终做到党建与业务工作一起谋划、一起部署、一起考核。

支部在职责定位上是落地抓实，就是将“党的一切工作到支部、一切工作靠支部”的鲜明导向落实到基层党支部，在重大任务攻坚、为民服务办实事、问题短板解决方面，发挥战斗堡垒作用；在急难险重工作中，发挥广大党员先锋模范作用，推动基层党支部在工作落实中“唱主角”“挑大梁”。

参之有据

“党建+”加什么

“党建+”的价值落点是业务，即“业务上的成效要从党建上总结经验，业务上的差距要从党建上查找原因”。安全稳定也好，生产经营也好，绩效进步也好，都充分体现着党建工作“坚持服务生产经营不偏离”的价值导向，而落实好这一价值导向，重点是要解决好“加什么”的问题。

1. 企业重大任务

基层党组织能力强不强，抓重大任务落实是“试金石”，也是“磨刀石”。

“党建+中央重大决策实施”。增强“四个意识”，履行政治担当，把落实中央决策部署作为首要任务，发挥党组织的政治引领作用，确保党对企业的领导，确保中央各项决策部署在企业落地落实。

“党建+战略目标和战略路径”，及时校准偏差，指引发展航程，确保方向正确、决策科学、落实有力，为企业发展立根铸魂、保驾护航。

“党建+企业年度重点工作”。结合企业发展，围绕安全、生产、经营、服务、管理等重点工作，推动党建工作与业务工作同规划、同部署、同落实，使党建工作与中心工作相互协调、互相促进，通过党建工作推动落实重点任务，通过重点任务检验党建工作成效。

“党建+阶段性重大任务”。及时跟进、主动围绕重大阶段性任务，通过开展党建融合专项行动等方式，使党建工作与重大任务互联互通、有机结合，发挥好党组织的引领、协调、监督和保障作用，提振精神、凝聚合力，为圆满完成阶段性重大任务提供坚强保障。

2. 急难险重任务

大事难事看担当，越是急难险重时刻，越能体现党组织和广大党员的担当作为。将党建工作与急难险重任务深度融合，能够更好发挥党组织的凝聚力和战斗力，推动各项工作攻坚突破。

“党建+重点项目攻坚”。围绕重大工程、重点项目，建强现场临时党组织，开展合作单位、协作单位党组织联建，开展劳动竞赛、攻坚突击等活动，组织广大党员用坚强党性保安全、保质量、保工期。

“党建+抗灾抢险任务”。在灾情、险情发生时，充分发挥党组织战斗堡垒和党员先锋模范作用，践行“向我看、跟我干、让我来”，挺身而出，冲锋在前，为人民群众提供坚强保障。

“党建+重大科研攻关”。充分发挥党的组织优势，在技术攻关团队中突出党员作用发挥，解难题、打头阵、做表率，开展研究革新，解决实际问题，实现创新突破。

3. 问题短板任务

问题短板是制约企业发展质量的重要因素，也是企业党建工作精准发力、价值创造的主要领域。必须将党建工作与发展实际相结合，引导党组织和党员在突破难点、增创优势、提质增效等方面争当先锋。

“党建+解决安全风险问题”。发挥好党员示范带动作用，党员带头落实安全责任，查纠违章行为，排查风险隐患，筑牢企业安全根基。

“党建+解决重大管理问题”。大力发扬党的改革创新精神和精益求精的优良作风，在改革创新中破解发展难题，从深层次上想实招、解难题、添活力，不断提高企业管理水平。

“党建+解决服务提升问题”。在服务类国有企业中，在营销服务窗口常态化开展特色主题活动，扎实开展共产党员服务队等专项行动，发挥好直接联系群众、服务群众作用。

“党建+解决小微问题和热点问题”。立足为民服务解难题，深入职工群众征求意见建议，倾听职工群众心声，建立小微问题和热点问题及时沟通与解决机制，切实解决职工群众反映的“急、难、怨、盼”等问题。

“党建+”怎么加

载体建设是实现理论与实践有机结合的重要手段。在推进“党建+”工作中，要把党建与业务融合的内容方式、目标任务，依附于具体的载体之中，化无形为有形，变抽象为具体，使党建工作看得见、摸得着、感受得到。

1. 组织层面载体

在组织层面，针对工作跨地域、业务动态化、人员流动性强这些问题，如何做到党组织全覆盖，使党建价值创造无盲区，“党建+”是一个有效的载体，以组织覆盖为基础、以工作覆盖为核心、以有效覆盖为关键、以领导覆盖为根本，真正做到哪里有群众哪里就有党的工作，哪里有党员哪里就有党的组织，哪里有党组织哪里就有健全的组织生活和党组织作用的充分发挥。

临时党支部建设是一个非常实用的载体，通过将临时党组织建到重大工程、重点任务一线，实现党组织发挥作用全覆盖。临时党支部建设要把握住四个要点。

一是建堡垒。要结合重大工程、重点项目、重要任务的实施，同步建立党的组织，动态调整组织设置。

二是明责任。要坚持抓党建促发展，明确临时党支部抓党建的责任和促发展的责任，做到哪里有党的组织哪里就有健全的组织生活，哪里有党员哪里就有攻坚克难的先锋团队。

三是亮旗帜。临时党支部要通过扎实有效的党建工作，在项目驻地、工程现场把党的旗帜亮出来，把党建的氛围营造起来，充分发挥好党建引领作用。

四是展作为。临时党支部要深化落实“党建+”工程，结合工作实际搭建载体平台，把支部堡垒作用和党员先锋作用发挥出来，推动工程项目任务的圆满完成。

2. 队伍层面载体

在队伍层面，共产党员突击队和共产党员服务队是“党建+”在队伍层面最具有代表性的载体。党员突击队主要以“工程打头阵，一线做表率”为价值导向，把党员突击队打造成为先锋旗帜，在急难险重任务中主动亮明身份、承当重任、冲锋在前。共产党员服务队则是部分服务型企业的金色名片，在满足客户和人民群众需求中展示党的形象，发挥“连心桥”的作用。

3. 党员个人层面载体

在党员层面，把党员责任区、示范岗渗透到各个业务领域、各个专业层面，把党建工作加在各个业务环节，并通过一系列活动载体，为基层党支部加强党员个人管理、增强党员先进性和纯洁性提供重要抓手，激励引导广大党员模范带头、创先争优。这也是最基本、最广泛、最直接的“党建+”载体。

“党建+”如何加出成效

眼界决定境界，态度决定高度，思路决定出路。要让“党建+”加出成效，实现价值最大化，需要通过做实“党建+”，推动党建工作与业务工作由简单相加的“物理捆绑”进化为效应倍增的“化学反应”，从“你是你，我是我”变成“你中有我，我中有你”，进而达到“你就是我，我就是你”的境界。

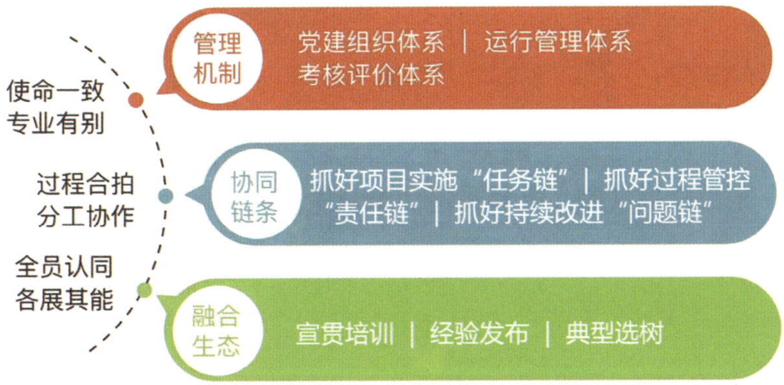

1. 形成使命一致、专业有别的管理机制

建立党委统一领导、部门齐抓共管、基层单位落实的党建组织体系，加强“党建+”工作的分级管理、分类实施、分层落实，打造覆盖全面、层级清晰、管理规范、运转高效的运行管理体系，使“党建+”工作全面嵌入公司日常管理。

自上而下在企业内组织开展《“党建+”载体库应用手册》和落地实践库的设计研发和应用解读，为各单位、各专业、全体党员开展“党建+”工作进行系统指导。

把“党建+”工作推进成效作为党建绩效考核评价的重要内容，纳入各级党委、专业部门、基层党支部、党员四级考核评价体系，形成贯穿各层级、覆盖各专业的考核激励机制。

2. 形成过程合拍、分工协作的协同链条

抓好项目实施“任务链”。在专业系统常态化实施“党建+”，每年立足实际、结合重点开展“党建+”项目，制订实施方案和主要措施，明确时间进度和责任主体，晾晒各项行动工作动态、进展情况、特色亮点以及“卓越之星”等。

抓好过程管控“责任链”。结合年度“党建+”重点项目，制定党委、专业部门、基层党支部职责清单，全面加强对“党建+”的统筹协调、过程管控和履责监督，从制度上确保“党建+”工作高质量推进。

抓好持续改进“问题链”。坚持问题导向，把发现问题、解决问题始终贯穿于“党建+”实施全过程，形成问题链持续改进模式。

3. 形成全员认同、各展其能的融合生态

将“党建+”作为一项凝心聚力工程，通过不断实践、宣传、推广，做到入心入脑，形成全员情感认同和行为自觉。

依托内部网络、媒体平台等，在各级党组织和党员中做好“党建+”

项目实施宣传和培训宣贯，让全体党员充分了解“党建+”的重要意义，掌握“党建+”实施路径的方法。

加强经验总结发布，每年公司内开展最佳案例和典型经验征集活动，组织基层单位做好“党建+”载体创新、实践方法探索的经验交流和应用推广。

强化典型选树培育，注重挖掘基层单位涌现的“党建+”先进事迹和党员典型，讲好“党建+”故事，输出“党建+”经验，展现“党建+”价值，使“党建+”成为公司党建品牌矩阵的重要版图，形成强有力的辐射带动和示范导向作用。

党建工作是国有企业改革发展的“定海神针”和“红色引擎”，党建工作与生产经营如车之两轮、鸟之两翼，相互联系、不可偏废。如果把企业比作一个人，业务工作就是人的仪表和行为，党建工作则是思想和精神。如果思想和精神出了问题，仪表就会受到影响，行为就会迷失方向；只有思想健康，灵魂丰盈，仪表和行动才能充满生机与活力。

行之有效

“党建+”企业重大任务案例——山东电力峰会保电

上合组织青岛峰会于2018年6月9日至10日在青岛召开。面对公司史上最为重大的政治保电任务，山东省电力公司党委强化党建统领作用，构建了“12345”政治保电工作体系，全方位为峰会保电保驾护航。

“1”——突出“一个主题”

突出党建统领的核心作用，确立“旗帜领航 · 电靓青岛”主题，突出“政治保电、智慧保电、全面保电”三大定位，以政治担当扛起保电重任，用党建优势保障决战决胜。

“2”——聚焦“两个作用”

聚焦旗帜引领作用。将国家电网公司“旗帜领航·三年登高”计划落实到保电第一线，凝聚全省保电力量，共举一面旗、干群一条心，充分发挥党委领导、党支部战斗堡垒和党员先锋模范作用，以峰会政治保电推动党建工作亮旗登高。

聚焦政治保障作用。围绕峰会保电“五个最”标准、“六个零”目标，成立峰会保电政治保障组，下设5个工作小组，集全省优秀党建力量，为实现峰会保电提供坚强政治保障和组织保证。

“3”——做实“三个基础”

做实组织基础。把加强党的组织建设作为提高保电前线党的政治领导力、思想引领力、全员组织力的根本保证，成立保电前线指挥部临时党委，作为“1+3+9”指挥体系的领导核心。坚持将党支部建在保电最前沿，规范成立54个临时党支部，在各保电战区、战点建立联合党小组168个，划分党员责任区325个。

做实制度基础。把制度建设贯穿于保电前线党建管理，加强顶层设计、系统谋划，制定《重要活动保电临时党组织工作规范》《重要活动保电政治审查工作规范》，配套下发思想政治工作、共产党员服务队组建、前线党建阵地、政治理论学习、作风纪律建设、保密舆情维稳等规范性文件，编制心理关怀、品牌舆情、保密等“口袋书”，形成了5大类21项标准制度体系，为峰会保电政治保障工作奠定了坚实的制度基础。

做实队伍基础。以党建带动一流团队建设，以一流团队保障供电万无一失，调集全省骨干力量支援青岛峰会保电。决战阶段共有4653名党员奋战保电一线，以最高标准开展政治审查工作，确保队伍政治过硬、业务过硬、作风过硬。

“4”——建好“四个平台”

搭建党建阵地平台。把党建阵地作为加强前线临时党组织建设的重要平台，统一模板、因地制宜、突出特色，指导各临时党组织建立临时性党建阵地，规范配置党支部标牌、上墙图板、党旗党徽，统一配发政治理论读物、学习资料、记录簿册，搭建起保电前线“党员之家”。

搭建活动载体平台。把活动载体作为激发广大党员战斗力的重要途径，组织开展“向我看、跟我干、让我来”主题活动，先锋先行，示范带动。举行峰会保电决战决胜誓师大会，各临时党组织开展“保电有我、有我必胜”宣誓6万余人次。以“旗帜领航·电靓青岛”为主题，开展文明创建系列活动，引导员工主动参与峰会志愿服务，树立了良好社会形象。

搭建信息交流平台。把信息交流作为凝聚各单位整体合力的重要组带，创办《“旗帜领航·电靓青岛”决战战报》，及时传达保电信息，交流工作动态，展现员工风采，鼓舞和激发全员斗志。

搭建宣传展示平台。坚持边推进边总结，强化顶层设计，结合各区域实地特点和实战功能，提炼梳理重点展示内容，形成“一轴七面九点”宣传展示平台，营造政治保电浓厚氛围。

“5”——五个特色成果

打造了重大保电政治建设的“山东高度”。公司党委高举旗帜，定位“政治保电”，全面发挥党建统领、旗帜领航的强大作用，体现了公司上下在政治上与党中央、国家电网公司党组的高度一致。

升华了重大保电思想建设的“山东精神”。公司党委坚持把思想建设放在党的建设的重要位置，积极探索保电前线政治思想工作的方式方法，灵活搭建党建活动载体，坚定“亿万分之一也不失”再必胜信心，叫响“扛就扛红旗，干就干最好，争就争第一”的争先精神，在实践中升华了山东电力精神高地。

探索了重大保电组织建设的“山东模式”。公司党委牢牢把握新时代党的建设总要求，以前线指挥部临时党委作为保电前线坚强领导核心，实现对前线指挥部、三大前沿指挥所和九大保电区的集中领导。

形成了重大保电队伍建设的“山东经验”。公司党委把“人”作为保电成功最关键因素，严明政治纪律和政治规矩，对“二级七类”人员进行严格政治审查，将思想工作覆盖到每一个人、作风纪律检查到每一个人、政治关爱触及每一个人。

提出了重大保电制度建设的“山东方案”。公司党委牢固树立党建价值创造理念，紧紧围绕重大保电政治保障这一课题，深化党建理论创新和实践创新，总结梳理规范性制度文件，形成一整套可复制、可推广的党建工作制度体系，为重大保电政治保障工作提出了“山东方案”。

案例评析

山东电力上合峰会保电的圆满成功，是党建发挥统领作用、全面融入业务的成功，也是“党建+”实践的一个完美案例。从内容来看，是党建+企业重大任务；从方式来看，党建组织层面、队伍层面、党员个人层面均有载体覆盖；从关键因素来看，管理机制完善，协同链条顺畅，全体动员心向一处，最终圆满完成任务。由此可以看出，“党建+”要取得成效，必须融入中心工作，主题明确，充分发挥党委领导、党支部战斗堡垒和党员先锋模范作用，确保组织、制度和队伍基础扎实。同时，相应的载体和保障机制如党建阵地、活动载体、信息交流、宣传展示等要建设到位。

“党建+”队伍层面载体案例——国网四川省电力公司党员服务队

电力保障关系国计民生，电网企业处于服务群众的第一线。2002年以来，国家电网四川省电力公司在基层单位成立共产党员服务队已达155支。党员服务队坚持“有呼必应、有难必帮”，在电力保障、抢险救灾、为民解难等方面充分发挥先锋模范作用，被群众亲切地称为“电力110”。

国网四川省电力公司牢记宗旨使命，扎实做好为民服务、联系群众、保障民生工作，努力把党员服务队锻造成为党性坚强的队伍、优质服务的标杆、攻坚克难的尖兵。

创建为民服务“先锋队”。公司党委把为民服务的宗旨落实到党员服务队的建设管理中，精心培育一支组织坚强、素质过硬的优秀团队。

将党员服务队作为常设机构，纳入班组建制，在党员服务队建立党支部，队长兼任支部书记，由党性强、业务精、作风好的党员担任，队员由业务能力突出的共产党员、入党积极分子、共青团员组成，其中党员占比在60%以上。按照“统一建设管理、统一工作标准、统一行为规范、统一品牌形象”的原则，建立健全党员服务队制度标准体系，实施统一规范管理。加强队伍党性锤炼，创新微党课、微宣讲、微故事等学习载体，常态化开展党的宗旨教育，围绕服务群众开展“三亮三比”，设立“党员示范岗”“党员责任区”。充分发挥先进熔炉作用，分期分批组织预备党员、入党积极分子到党员服务队培养锻炼，先后有251人入党、342人走上各级管理技术岗位，党员服务队中涌现出全国道德模范刘源、“全国最美志愿者”鲁鹏等先进典型。

架起联系群众“连心桥”。公司党委把群众需要作为党员服务队工作的出发点和落脚点，将党的温暖、企业的关爱持续传递到群众心中。建立以“政治服务、抢修服务、营销服务、志愿服务、增值服务”为主要内容，以“咨询服务、上门服务、巡视服务”为主要形式，与“95598”热线联动的服务机制，及时快速响应群众需求。坚持开展“服务进社区，惠民千万家”活动，建立“心连心”服务站，设置“电力片警”，走家串户排查安全隐患、提供用电咨询，义务开展老旧小区线路改造，主动更换居民楼道损坏的照明设施，竭力为群众提供便利。长期结对帮扶孤寡老人、残疾人和困难家庭，关心关爱失学儿童、留守学生，为行动不便的老人开设一键直拨求助电话，向聋哑残疾人士捐助闪光门铃，积极为贫困学生捐资助学，尽心为群众排忧解难。党的十八大以来，党员服务队共受理电话和咨询195.5万次，参与抢修112.2万次，提供上门服务131.0万次，参加志愿服务5.8万次，联系困难户2.1万户，建设“川电留守学生之家”213所，让13万余名留守学生受益。

做好保障民生“先行官”。公司党委践行“经济发展，电力先行”理念，让党员服务队在保障和改善民生中当先锋、做表率。党员服务队勇担工程建设、抢险救灾重任，在“新甘石”联网、川藏联网、藏中联网等重大工程建设中，带动参建员工克服高寒缺氧等重重困难，创造了在高海拔地区建成“电力天路”的工程奇迹；在四川发生的特大地震、泥石流、洪涝、冰冻、干旱等严重自然灾害中率先出击，成为救灾保电灾后重建等工作的“急先锋”和中流砥柱。“5·12”汶川地震后，党员服务队带领员工攻坚克难、连续奋战，提前一年完成灾区电网重建。“4·20”芦山地震、“6·24”茂县山体垮塌发生后，党员服务队第一时间为灾区送去光明。党员服务队模范践行企业责任，大力投入农村电网建设改造工程，包片进村解决农村用电问题，集中支援巴中等革命老区电力建设，全面提升了电力服务“三农”水平；深入四川马边县高石头村、喜德县阿吼村等164个贫困村实施电力扶贫，选派队员担任驻村干部，帮助贫困户年均增收1200余元；开展“我为绿色出主意”主题活动，协助客户制订节能用电方案1.26万个，开展环保服务6300余次，向有关部门提交“绿色发展”意见建议500余条。

案例评析

全心全意为人民服务是党的根本宗旨，必须全面贯穿于国有企业基层党组织的工作中，落实到党员队伍的实践中，取得人民群众满意的实效。国网四川省电力公司党委以党员服务队建设为抓手，创新服务机制，拓展服务内涵，提升服务能力，架民心之桥、谋民生之利、解民众之忧，进一步密切了党和人民群众的联系，增强了群众的获得感、幸福感，是通过服务锤炼党员队伍的有益实践。

运用大数据对党建工作进行智慧升级，帮助党建工作者分析问题、发现规律、预测趋势、辅助决策，不仅是推动基层党务管理工作更加科学、更加完善的有效途径，也是为基层减负赋能的有益探索。

第六讲

让数据在流动中创造价值

本讲导读

价值点

- 科技减负
- 数据增效
- 智慧赋能

路径 →

着眼点

- 数字转型
- 数据流动
- 数智应用

落实 ↓

发力点

- 打造智慧党建平台
- 深度挖掘数据价值

← 价值

误区与问题

"指尖上的形式主义"
信息系统"装门面""做摆设"
系统"处处冒烟"增加负担

谋之有道

价值分析

2019年1月31日，中共中央印发《中共中央关于加强党的政治建设的意见》，明确要求积极运用互联网、大数据等新兴技术推进“智慧党建”。“数字化转型、智慧化升级”成为国企党建新方向。

减负就是创造价值。智慧党建系统把日常的工作流程转化为计算机可以识别和分析的数据，通过设置触发条件、自动追踪、模板导入等方式，时时处处自动留痕，把多数环节工作量压减到“一键完成”，将人为录入工作量压减到最小，真正实现减负的效果。以组织生活为例，通过组织生活模块，各党支部在接收上级组织安排的待办工作后，能够自动生成组织生活议程，并结合自身个性化需要，对议程进行增删，一键生成会议通知并下发，会议过程全程录像，视频智能压缩后，编码上传、实时保存，会后自动生成组织生活记录，省去了烦琐的过程资料和手写记录，实现基层减负。

赋能就是创造价值。“智慧党建”运用了大数据、云计算、人工智能、VR/AR等智媒体技术，为开展党建工作提供了一个体验式、沉浸式、互动化的环境，增强了基层党组织活力，能够显著提高基层党建工作质量和组织运行效率。同时，大数据因其整体性特点，有助于党建工作人员对整体情况的了解，从而促进全局性思维；其精准性的特点，有助于党建工作人员对重点工作的把握，使得工作效率有了极大提升。

问题与对策

国企党组织开始探索“智慧党建”管理新模式以来，各种智慧党建平台纷纷上线，推动了基层党建工作数字化、智能化。但因工作理念、运行机制、保障措施等诸多因素影响，一些“智慧党建”功能逐渐“缩水”。有的缺乏大数据的利用，片面地认为把纸质资料变成电子资料就是“智慧党建”；有的甚至没有数据概念，简单地认为“智慧党建”就是迎合当今“机不离手”的现实情况，定期推送党建微信公众号，分享点赞推送文章，“智慧党建”沦为“指尖上的形式主义”。总体来看，普遍存在定量少、定性多，仅关注局部工作节点，管理不系统，结果不见效等问题，换言之，就是简单地把工作信息进行数字化，未让数字流动起来。

数据只有流动起来，才能创造价值，否则将如一潭“死水”，没有任何意义。“流动”就是不断让党建大数据汇聚又分流，在流动中为党建工作“减负赋能”。

用数据管理，提升党建工作效率。大数据能够有效推动党建工作要素的网络化共享、集约化整合、协作化开发和高效化利用，构建扁平化的管理体制和工作模式，促进党建数据融合和资源整合。比如，把组织生活实时音像数据上传，同时利用大数据技术提炼出量化指标，就能够精准、直观、多维度评价党组织生活的质量。

用数据决策，提高党建工作决策水平。大数据特有的“量化思维模式、动态管理模式、可预测性功能和精准化手段”，有助于党建工作者把握工作规律，预测发展趋势，提高决策水平。比如，在思想动态分析应用中，通过对数据多维度的组合分析，能精准定位问题人群，自动生成建议，并自动关联到解决问题所需的应用模块，让发现的问题及时得到解决。

用数据创新，丰富党建工作方法。大数据能够及时掌握各级党组织的工作动态和思想状态，能够准确了解党员在学习教育、工作生活等方面的需求，有利于党组织采取有针对性的措施，策划、设计党建工作的内容和形式，更有效地激发党员的身份认同和情感认同。例如，通过与业务系统指标关联，设置预警触发条件，一旦发现问题，自动引导支部利用组织生活、“党建+”等载体去处理，改进指标，走出一条业务问题从党建上找原因、想办法的新路径。

需要特别强调的是，智慧党建只是一种提高效率的手段，不是替代线下活动，而是利用互联网优势为线下党建助力，二者是优势互补、相辅相成的关系，**决不能用线上活动取代正常的组织生活**。

参之有据

打造智慧党建平台，让业务一站集成

国有企业智慧党建平台，就是将党建工作数字化、智慧化，是推动精细化管理的手段，能够推进党的组织和工作网上贯通、党建工作和业务工作线上融合，实现对整体工作体系的在线管理、实时查看、统计分析、集成展示。线上、线下共同发力，提升党建专业整体质效。

1. 明确建设思路和框架

智慧党建平台，应聚焦党建工作全数据、全业务、全流程，打通党建工作统筹谋划、组织实施、推动落实、监督管控、考核评价各阶段，将政治思想建设、基层组织建设、党员教育管理、企业文化建设、统战团青工作各项业务纳入平台建设，渗入各级党组织、全体党员干部。建设智慧党建平台，应横向构建全业务运行展示中心，纵向构建大数据交互中心，实现党建业务、流程、数据全面覆盖、一体贯通、开放共享。

在建设过程中，要遵循以下原则。

数据标准化流转。遵循党建信息数据传输规律，打通统一的数据信

息标准化流转通道，建立党建数据中台，分层选择流转模式，确保来源一致、标准一致。

场景一体化部署。坚持一盘棋、一条线，把智慧党建平台作为党建体系落地应用的重要载体，固化党建数字地图和党建工作场景部署模式，做到顶层统一设计、基层一体落地。

界面模块化组合。倡导基层创新，推行智慧党建平台“标准模块+特色模块”组合展示模式，统一设计标准模块，各基层党组织结合实际自行设计特色模块，形成各具特色、各有亮点的工作格局。

功能个性化定制。理顺党建信息系统开发流程和职责界面，开放开发环境和部署标准，发挥基层积极性、主动性、创造性，推动平台迭代升级、持续改善。

2. 横向构建全业务运行展示中心

基于归集、共享的理念，构建党建业务运行展示模块，分场景展示对应党建工作，实现上级精神、工作落实、典型经验、标杆做法、教育资源、特色实践、成果案例、制度文件等内容开放共享。

一是突出政治性。基于“国企姓党”的政治基因，突出政治领航、思想领航，坚决贯彻党中央决策部署，把习近平新时代中国特色社会主义思想作为“第一议题”，持续加强党的创新理论武装，始终保持企业发展的正确方向，充分发挥“大国重器”和“六个力量”作用。

二是突出实效性。构建“党建+”动态闭环管理网络，科学设计和应用党委引领指数、支部堡垒指数、党员先锋指数“三项指数”，打通“内嵌融合-价值创造-价值评价”工作回路，形成横向协同、纵向贯通、闭环改进的常态化工作机制，推动党建业务融合更有深度、更有质量、更有价值。

三是突出功能性。借助平台对所有基层党支部和党内政治生活全覆盖管理，提升党的组织和工作覆盖质量。突出党组织书记、党务干部、党员“三支队伍”建设，构建队伍质态实时感知数据系统。落实落细指标、管控、支撑、评价党建对标管理“四个体系”，构建“大党建”绩效考评体系，拧紧压实党建责任链条。

四是突出专业性。创新“系统化谋划、项目化推进、标准化建设、规范化管理、数字化支撑”的五化管控模式，通过党建量化计划管理，实现党建工作科学化管理，提升党建专业管理水平。

3. 纵向构建大数据交互中心

基于交互、增效理念，构建党建大数据交互中心，引入数字化评价体系，将党建工作“软任务”转化为可量化、可排名、可考核的“硬指标”，形成党建体系“数据管理驾驶舱”，推动党建工作网上流转、在线分析、可视指导、实时交互，高效管理。

开发党建体系“数据管理驾驶舱”。聚焦公司党建工作运行管理，精准分析，深入挖掘，可通过速度表、音量柱、预警雷达、饼状图、折线图等清晰直观的数字化“仪表盘”，将各项工作数据形象化、直观化、具体化，实时反映各项工作的开展情况，综合监测预警党建工作数据和流程，为党建工作谋划决策、全面管理、日常实操提供数据、导引航向。

开发党建工作智慧应用新功能。打通党建信息数据、信息流转通道，以各模块基础数据信息为重点，实现数据统计、数据筛选、数据展示等功能。深挖大数据价值，开发异常预警、专业诊断、远程协助等功能，以“绿色健康、黄色提醒、红色预警”，直观反映各基层组织工作情况，为基层党组织和党员提供全新智慧党建交互体验。

以价值为导向，推动大数据汇集利用

党建大数据的目的在于创造价值，谈价值必须考虑效益，搭建“智慧党建”平台，就要紧紧围绕“减负提质、智慧赋能”的要求，明确党建大数据价值的利用方式，把握好智慧党建的方向，确保每项工作都“可观可测”，能核算、有实效。下面我们就从智慧党建平台的数据的收集、分析和使用各环节要点，探讨一下党建大数据的汇集利用。

两大数据来源。大数据又称巨量资料，智慧党建平台建设需要先建立巨量资料库，一提到巨量资料，党务工作者可能就满脸愁容了，对系统产生抗拒心理。所以，我们在数据收集过程要把握的原则就是“减负”，不能左一个平台、右一套系统，让基层苦不堪言。如何减负呢?首先要从来源入手，让一切从简，人工录入数据的工作量太大，那就以自动提取为主要手段，以人工录入为辅助，以相互配合作为数据来源。

两大数据类型。智慧党建平台的数据类型大体包括基础数据库和应用数据库两部分。基础数据库，包括党组织数据库、党员数据库、荣誉库、制度库、指标库等。这些数据在初次录入后，用大数据手段进行自动提取更新。比如党员数据库，打通智慧党建平台与人事系统通道后，党员身份等基本信息可以直接提取；打通平台与业务系统通道后，可以实现指标情况自动提取，避免重复录入。应用数据库，包括党建应用实时产生的数据。系统把日常的工作流程转化为计算机可以识别和分析的数据，通过设置触发条件、自动追踪、模板导入，时时处处自动留痕，把多数环节工作量压减到“一键完成”，将人工录入工作量压减到最小，真正实现科技减负的效果，比如在组织生活应用中，会前、会中、会后需要录入的内容包括视频都可以由系统生成，极大地节省了人力、物力。

大数据利用要把握三个原则。在大数据的收集、处理、存储、应用全过程中，要把握三个原则：一是就大数据“收集”而言，关键并不在“大”，而在于“有用”，价值含量、挖掘成本比数量更为重要；二是就大数据的“处理、存储”而言，要引入“云”技术，充分利用云计算、云存储，对数据进行多维度分析利用；三是就大数据的“应用”而言，要强化关联互通，让党建大数据流动起来，通过数据的分析结果指导实践、解决问题，也就是“创造价值”。

大数据处理有三种方式。一是比对，对同一项工作进行横向和纵向数据的关联比对，让数据分析结果更有参考性。二是关联，对不同应用之间、同一应用之中的数据进行关联，通过云计算实现各个应用数据流程化管理，自动预警、自动反馈、自动触发。三是细分，从不同维度对数据进行处理、细分，显示出规律，辅助分析利用。

大数据应用要有安全保障。一要加强网络监督，完善数据共享协议和规范建设，通过入侵检测、安全配置等途径保证数据传输过程的安全性；二要加强权限审批和身份鉴定，对基层党组织和专责人的管理和使用权限进行规范化管理，对数据的真实性进行鉴别，设置访问认证，确保账户安全。

行之有效

智慧党建平台建设案例——国网潍坊供电公司智慧党建平台设计与数据应用

国网潍坊供电公司智慧党建平台设置了“党建地图”“党务晾晒”“党建融合”“党建应用”4个模块，纵向上实现了市县一体全贯通，横向上实现了党建工作全覆盖。

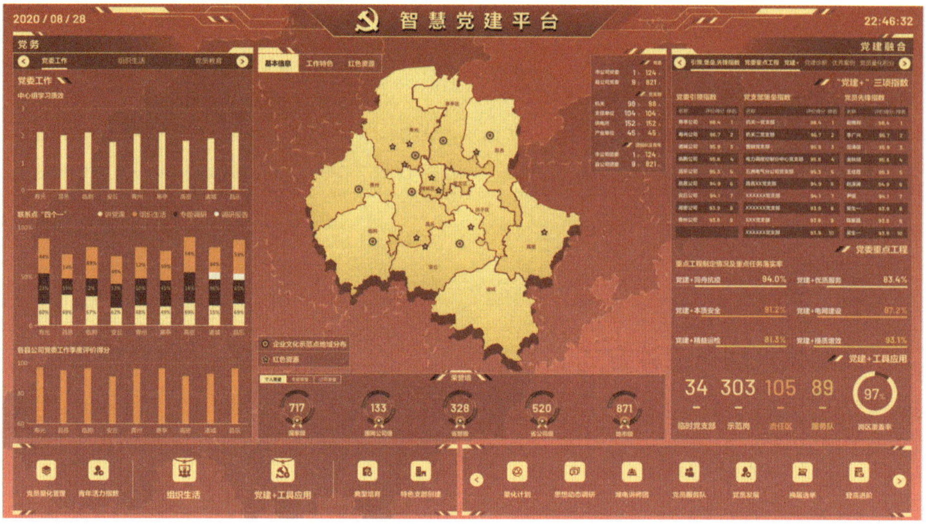

“党建地图”主要包含市县各级党组织、党员基本信息，党建工作特色亮点，以及潍坊市域红色资源，可实现线上实时查看。

“党务晾晒”主要包含党委全面履责、党支部7项组织生活、党员教育等各项工作进度质量情况，可实现线上实时督导。其中“党委全面履责”模块中，嵌入了市县一体中心组视频联学功能；“组织生活”模块能实现在线可视评估；“党员教育”模块能总体把握党员教育覆盖范围和培训进度。

“党建融合”主要包含“党建+”3项指数、6项工具应用情况，以及亮旗决胜重点工程等6项内容，可实现“党建+”大数据诊断分析。在“优秀案例库”中，发布党员兼职安全员、红旗护线等“党建+”特色做法，实现经验共享。

“党建应用”主要包含党委和支部两个层面、13项党建业务的实用功能模块，可实现全流程线上流转。

结合实际工作，国网潍坊供电公司智慧党建平台的具体应用可以通过3个场景来展现。

场景1 “组织生活”模块

组织生活是党支部最基础、最重要的工作。“组织生活质量不高”是突出问题，经常出现资料整理耗时长、流程不规范、质量评估难等痛点。国网潍坊供电公司把“一键线上流转，一站随时观看”作为总体构想，设计了组织生活场景应用，这个应用能让支部组织生活更加规范高效，做到“点一点全搞定”；让管理部门对组织生活的评估更加真实全面，做到“看一看全掌握”。

每月初，结合省公司要求，党建部在平台上制定月度重点任务清单并下发到支部。支部端智能接收待办事项，自动生成组织生活议程。支部可以在统一要求的基础上，结合自身个性化需要，对议程进行增删，一键生成会议通知并下发。在会议过程中，为了确保组织生活严肃真实，全程进行录像，视频智能压缩后，编码上传、实时保存。会后自动生成组织生活记录。在组织生活质量评估方面，党建部可通过平台，随时调取纪实录像进行质量评估，给予支部针对性的改进意见，督促支部整改提升，解决了以往仅凭查阅资料、评价不够客观真实的问题，从而有效提高组织生活质量。

借助“组织生活”模块的智能应用，在公司全面推开后，预计全年可为公司支部省去1600余项过程资料和手写记录，节约会议准备、总结时间约1200小时，切实实现基层减负。

场景 2 “思想动态调研”模块

深入精准的思想动态调研分析，是确保思想领航正确方向的重要基础。

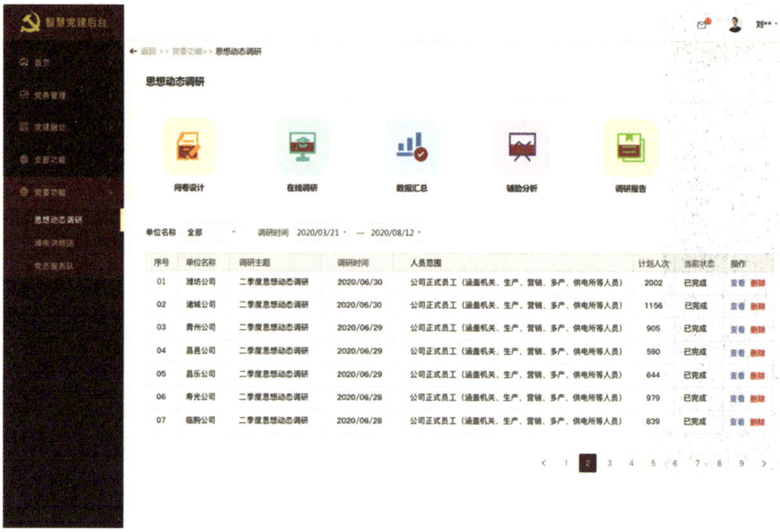

以前思想动态调研，虽然实现了系统的辅助调研，但对调研结果仍以简单汇总为主，想要深入地进行比对关联分析，费时费力、质量不高，一般多以调研报告为终点，针对性的措施落地少、见效难。国网潍坊供电公司把“一键分析、一键落地”作为设计构想，设计了思想动态调研场景应用，通过应用能一键开展调研，多维度分析、精准定位问题，最智能的是它能关联系统其他功能模块，推送针对性建议措施，推动整项工作落地闭环，具体流程如下。

首先是问卷智能设计，平台内置了通用问卷库，每个月可由党建部结合当前热点、焦点问题，进行组合设计，形成调查问卷。

其次是线上答题反馈，问卷能够通过平台推送到电脑端和手机端，员工灵活选择，便捷回传。

再次是一键汇总分析，通过岗位、单位、年龄、学历等单维度和多维度的组合分析，精准定位存在问题的单位和人员。

最后是建议一键流转，明确原因后，系统可将工作建议一键推送至相关支部或其他功能模块组织落实。

借助思想动态调研场景应用，可以让开展思想调研效率大幅提高、单次耗时减少一半以上，为思想动态调研由季度向月度常态化开展提供有力支撑；通过多维度分析，可以大幅提升问题分析精准率，准确把握公司员工的思想动态、意识形态、诉求建议，并针对性地给出措施建议，为公司健康发展提供决策参考。

比如，公司2020年第二季度组织了一次针对国网战略宣贯效果的专项调研，通过平台智能设计问卷，完成线上答题反馈，一键汇总分析后，存在“员工对国网战略掌握不够”等问题，通过单维度、多维度组合分析，发现这部分员工主要是部分年龄偏大、学历偏低的供电服务员工。

进一步分析原因后，推送了两条工作建议：一是将“开展战略落地大讨论”的建议推送至相关供电所支部，加强交流研讨，提高思想认识；二是将“开展分类分众战略宣贯”的建议推送至“讲师团”模块，开发更接地气的宣贯课程，送课上门。

场景3 “党建+诊断”模块

“党建+”是发挥党建价值创造力的重要途径，同时也是解决业务问题的有效途径。

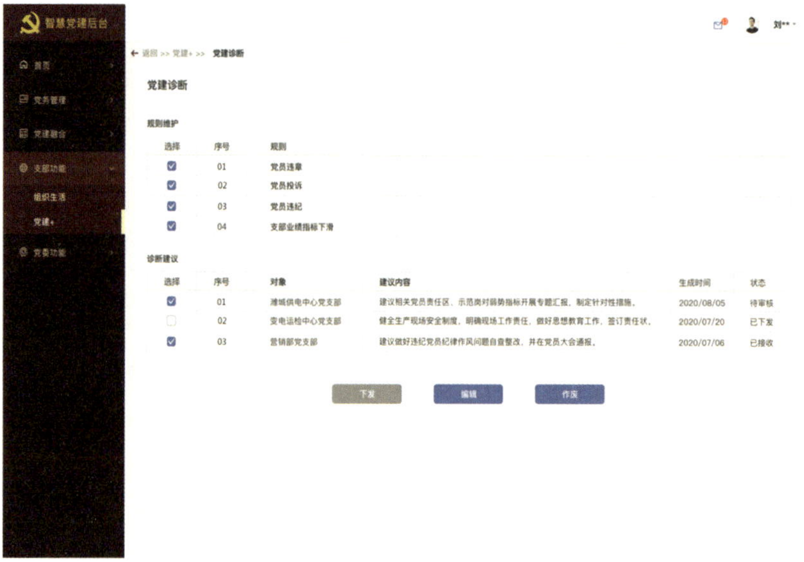

以往存在业务难题时，各专业习惯性从技术上、专业上找原因，往往缺少党建思维，设计这个场景，就是将业务问题、党建思维、党建工具有机融合起来，国网潍坊供电公司把党员“三无”、班组对标、营商环境、线损等反映业绩成效的指标全面纳入智慧平台，通过跟踪研判、推送建议、闭环管理，引导支部利用党建手段进行改进。

比如，潍城分中心近期连续发生两起投诉，造成相关指标大幅下滑。平台跟踪研判后，自动生成“对近期投诉进行专项研讨分析”的工作意见，推送到支部待办，并自动列入支部当月组织生活议程。支部按照要求，在党员大会上充分研讨，发现两起投诉的起因都是户用漏保质量问题造成跳闸，用户误认为是供电公司频繁停电。随后组织潍城分中心党员服务队，策划开展了“户用漏保专项普查”和“入户宣传专项行动”。

活动结束后，党建部通过可视评价对活动质量进行评估，认为效果好、可复制，于是就通过平台在市、县公司彩虹共产党员服务队中推广实施，从源头上减少此类投诉，实现闭环管理。

通过“党建+诊断”智慧应用，践行“业务问题从党建上找原因、想办法”这一理念，既解决业务难题，又解决思想作风问题，探索了一条党建价值创造的有效路径。

案例评析

国网潍坊供电公司秉承省公司提出的“数字化转型、智慧化升级”原则，通过党建工作的线上自动流转、全程可视评估，实现了党建工作提质减负；通过党建和业务的线上源头融合、智能追踪引导，实现了党建价值赋能提升。这从指导思想、框架设计、功能开发各方面都值得借鉴。指导思想要明确，党建指挥平台的打造就是通过智慧赋能来减负增效；框架设计要科学，在内容上全面覆盖突出重点，在算法上多维分析直观显现，在应用上实时监测有效预警；功能开发要重实效，摒弃花架子，切实以提质增效为宗旨进行开发。

国有企业是国民经济的重要支柱，也是弘扬社会正能量的“生力军”。要通过舆论宣传，发出国企声音，讲好国企故事，展示国企形象。积极利用融媒体这一现代宣传平台的资源优势，发挥好对内凝心聚力、对外塑造形象的重要作用。

第七讲

融出流量新价值

本讲导读

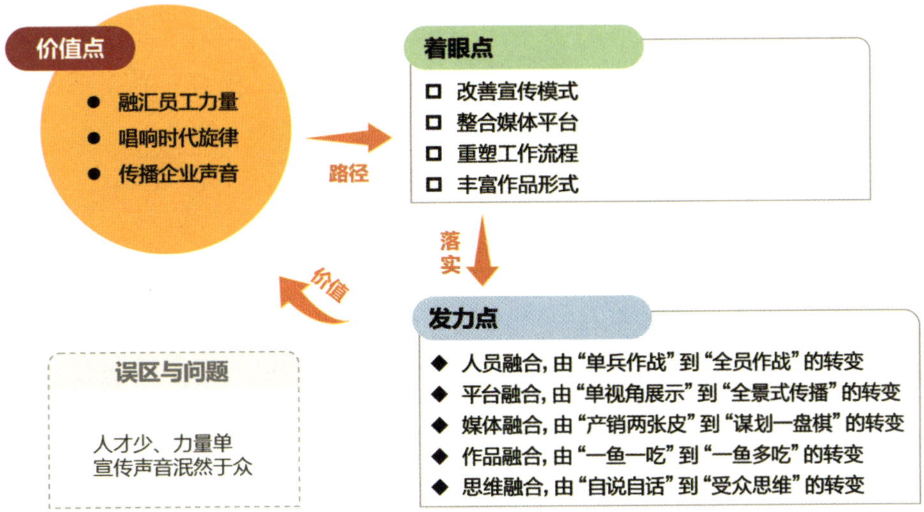

谋之有道

价值分析

国有企业宣传工作是党的新闻舆论工作的重要内容。国企宣传工作主要有两大功能，对内唱响主旋律，凝心聚力；对外塑造形象，应对舆情，增进社会对企业的了解，进而加强对企业的认同感。

随着互联网技术的飞速发展，信息获取渠道也更加丰富多彩。媒体融合发展是大势所趋，国有企业必须因势利导，加强党对宣传工作的全面领导，旗帜鲜明坚持党管宣传、党管意识形态。具体来说，就是要转变传统思维，强化人才支撑，注重技术驱动，打造融媒体。

建设企业融媒体，政治上要坚持党建引领，并为党建工作赋能；机制上要注重顶层设计，创新思路，开展全员宣传，既给员工施展才能的舞台，又壮大宣传队伍；业务上要应用新技术，提高宣传的效果和效率。

问题与对策

与报社、电视台、网络公司等专业媒体单位不同，国有企业宣传工作只是众多专业中的一种，相较于生产、建设、经营、服务等核心业务，宣传工作经常被看作“配角”，在岗位设置、人员配置方面都不是优先考虑的专业。人少势单、单打独斗、独木难支，宣传工作往往变成了“独角戏”。随着新媒体、新写法、新要求、新形式的不断出现，“好声音”越来越难唱，也成为很多宣传工作者的痛处。

首先，融媒体建设找到了破解宣传工作困境的金钥匙——整合资源，强化主流思想舆论；其次，它给出了方法途径——机制改革，盘活资源，推进深度融合；最后，它提出了前景目标——坚持正确政治方向、舆论导向、价值取向，更好地引导群众、服务群众，不断增强新闻舆论传播力、引导力、影响力。

通过建设融媒体中心，讲述好国企故事，展示好国企形象，这是时代赋予宣传工作的新拓展。相较于传统宣传模式，融媒体有“四变”，就是宣传模式、媒体平台、工作流程、作品形式的变化。

宣传模式之变。发动全员参与新闻宣传，打通新闻宣传团队内部壁垒，盘活人力资源，激发宣传工作热情，让企业员工“人人都是宣传员，人人都有麦克风”。

媒体平台之变。将公司所有媒体平台进行整合，统一管理、统一发声，形成分众传播、分类覆盖的格局，真正实现强信心、聚民心、暖人心、筑同心。

工作流程之变。重塑以策划、采集、编辑、发布为核心的新闻生产流程，打造“一次采集、多次生成、多元发布”高效新闻生产线，用正能量充沛的优势内容增强作品的生产能力和传播能力。

作品形式之变。强化互联网思维和用户意识，适应新环境、新条件，满足多样化、个性化需求，提高新兴媒体的内容原创能力，既做“大餐”，又做“小吃”，使正面宣传新起来、快起来、活起来、动起来。

相较于社会融媒体，国有企业融媒体具有独特优势。国有企业员工，尤其是青年员工多才多艺、积极上进，是新闻宣传工作的宝贵财富，可动员、可挖掘的潜力不可估量，在“全员宣传”理念的支撑下，新闻宣传会被注入新的思维、新的方法、新的能量。与此同时，员工在参与融媒体宣传过程中，也实现了自我价值的提升，可以说是一个双赢的结果。

参之有据

千篇一律、脸谱化的建设会让融媒体走向另一个极端，空耗人力、物力，最终却无法取得预期效果。要避免这一误区，融媒体建设要做好顶层设计，避免“拍脑袋”“搞形式”“脸谱化”倾向。

首先要明确建设融媒体的目的和意义，认真进行事前调研，明确企业在融媒体建设中需要投入什么、获得什么，可以避免一拍脑袋，仓促上马，事倍功半。**其次要着重机制构建，**坚持问题导向，构建管理机制与运营机制，切实解决宣传中遇到的问题，可以避免投入巨大却搭建一个无用的花架子，耗费人力却出不来好成果。**最后要突出特色，**坚持实用原则，明确宣传风格、内容和形式，可以避免融媒体的“复制、粘贴”、千篇一律。

避免以上误区，国有企业融媒体“怎么融”就渐渐清晰了，就是以“中央厨房”为核心，融合人员实现统筹管控，融合平台实现全景展示，融合形式实现多元产出，发动公司全员参与宣传工作，对新闻生产流程进行再造。

人员融合，由“单兵作战”到“全员作战”的转变

媒体融合，首先是对人的整合。一方面，将宣传队伍进行重新整合，统一调配，最大化激发专业优势。另一方面，发动全员参与新闻宣传工作，形成强大的战斗合力。

在实际工作中，要形成完整的联动机制。基层员工报送优质选题，提供高质量新闻素材，确保“粮草”充足；宣传各专业发挥融合优势，与基层并肩作战，做好视频、通信、图片等的编辑，一体化对外宣传推介，实现“各司其职、专业专注、全民皆兵”。

平台融合，由“单视角展示”到“全景式传播”的转变

新闻只有制作出来、传播出去，才能真正形成影响力、传播力。有人说，作为国有企业，尤其是市县级公司，自身不具备办报、办杂志的资质，只有屈指可数的自媒体，谈何“融媒体”呢?

其实，展示平台随处都在，只要经过充分整合、最大化利用，就是品牌宣传的“新阵地”。企业可以整合简报、网站、楼宇电视、微信微博、电子屏幕五大平台，打造一体化“全景式”传播矩阵，从而让公司的新闻宣传方式更立体、形式更全面。这就需要分析好平台定位和传播规律，让“网络化”宣传与“阵地化”传播结合起来，“线上”与“线下”统筹起来，实现品牌效应最大化。

以国网潍坊供电公司为例，走进该公司任何一个办公区，总能被其独具特色的楼宇电视所吸引，而“百屏联动”的楼宇电视是该公司平台融合的特色做法。市县公司内所有的电视屏幕利用网络技术实现了统一管理、同步播放。上级精神要求、公司决策部署、特色经验做法、典型人物故事等内容一应俱全，丰富多彩，成为企业员工进出办公场所、上

下楼梯间的一道精神文化大餐，更成为员工思想教育、思想引导的一块重要阵地。

媒体融合，由“产销两张皮”到“谋划一盘棋”的转变

从营销学上来说，没有满足客户需求的产品与服务价值为零。在新闻宣传工作中，常常存在产销两张皮现象，也就是说，先制作，再对外投稿，而不是把媒体的需求分析前置，这样往往会产生新闻产品与媒体需求不适配的问题。

在融媒体建设中，要把对外联络摆在突出位置，通过建立新闻媒体资源库，“一盘棋”统筹谋划，实现公司各类资源的共建、共用、共享。通过密切与社会媒体的沟通交往，及时掌握各大媒体策划、宣传重点，有的放矢进行嵌入融合，从而大大提升媒体发布质量和频率。

此外，要做好媒体差异化分析，明确社会化媒体、系统内媒体、行业媒体、新媒体等各级各类媒体定位、渠道特点、刊载形式等，精准掌握媒体刊发的信息类别及所需作品类型。在新闻产品制作时精准发力，针对每个选题制订媒体发布计划，根据目标媒体确定所策划的新闻体裁、展现形式，把好产品输出关口，让每个选题都能准确“俘获”中意的新闻媒体，让每个媒体都能获取最有价值的信息。

作品融合，由“一鱼一吃”到“一鱼多吃”的转变

随着互联网技术的飞速发展，信息获取渠道也更加丰富多彩，受众对信息的内容和形式都有了更多的选择和更高的需求。

同一个素材或内容，依托融媒体技术平台，经过策划、采集、编辑、发布为核心的“中央厨房”生产流程加工，打造成视频新闻、短视频、网络直播、图文类、平面设计等多品类宣传作品，充分满足受众多

样化、个性化的信息需求。如同餐馆变“一鱼一吃”为“一鱼多吃”，既满足了不同顾客的口味，又使效率、效益倍增。

思维融合，由“自说自话”到“受众思维”的转变

按照心理学和认识论的规律，人们对外界事物的关心程度，往往取决于该事物同自身相关联的程度。如果融媒体的建设脱离了员工，所撰写的报道与员工的距离较远，融媒体的建设与运营之路就会越走越窄。把融媒体建设与员工发展结合起来，把新闻宣传策划与受众的信息需求结合起来，把新闻传播与新闻工作者素养提升结合起来，这才是“玩转”融媒体的核心。

打破故步自封，建立全员参与模式。在融媒体时代，群体传播的能量优势彰显。国企新闻宣传要充分认识群体的力量，树立人人为企业代言的全员宣传理念，营造人人参与新闻宣传的浓厚氛围，保持新闻宣传队伍的广覆盖和多层次，发挥人员优势。

有了全员参与宣传的支撑作保障，融媒体中心可以按照员工兴趣与特长，实施“战时+平时”宣传模式，有针对性地开发、培训人才，差异化下达宣传任务，提高新闻宣传队伍的整体工作水平和能力。

2019年1月15日，一则《校车翻进沟 供电员工及时伸援手》的新闻刷爆了网络，而这一新闻的作者正是国网潍坊供电公司一名青年员工。当天，他正和同事对220千伏潍河线进行特殊巡视。在一条乡间小路上，由于道路狭窄、下雪湿滑的原因，一辆载有20多名小学生的校车侧翻在路旁的沟里。看到这一突发状况，他们一行立即冲上去进行救助，并利用手机拍下了一幕幕珍贵的场景，将事情经过记录下来，向融媒体中心进行反馈。事情发生后仅仅两个小时，这篇新闻作品便迅速传播出来，在网络上引起轰动。青年员工多才多艺，是新兴媒体的坚定拥趸，

也是融媒体时代最大的推动力量，企业融媒体建设要切实发动好、开发好、使用好这一群体。

打破自说自话，把受众放在中心位置。很多新闻宣传人员认为，融媒体建成了，新闻形式丰富多样了，就可以向公众进行宣传内容的全面推送了。这种问题的存在，说明“以传播者为中心”的思维还根深蒂固，依旧把自己摆在“我说你听，我写你看”的位置，漠视互联网思维、用户思维。

建设运营好融媒体中心，需要找准定位。在策划时要心里时刻装着受众，在传播时服务受众，研究受众心理并找到受众最愿意接受什么，让老百姓不仅看得到，还要看得懂，这才能最终实现宣传的真正目的。

打破保守状态，树立全媒体思维。新闻宣传是一项系统工程。融媒体时代，无论处于选题、策划、制作、出品的哪个环节，扮演哪个角色，新闻宣传工作者都要转变思想，树立新闻即产品的思维，打破思维僵化和工作程式化，一专多能、与时俱进，做融媒体时代的“瞭望者”。

对新闻作品来说，内容就是它的产品。好的内容才是融媒体中心生存发展的根本。全媒体思维要求你不管在哪一个环节上，都应该对其他环节、其他业务有所了解、掌握。只有了解新闻的每个生产环节、每个展现形式，才能更好地理解产品细节，才能更好地改进产品、打造精品。

所以，企业新闻宣传人员要突破单一角色的思维限制，树立兼具管理者、开发者、使用者的立体思维，具备熟练操作使用多媒体的能力，做到线下能采访、写作、拍摄，线上能编辑、制作发布与推送，变被动为主动，创造性地开展工作，打造全媒体思维新格局。

延伸阅读

“顶流制造”：受众广的好新闻是如何产生的

这么好的新闻作品，为什么反响平平？这是新闻宣传人员常常面临的窘境。要知道，受众才是传播力的关键，再好的新闻产品，推介不出去，受众不接受，那就只能是“废品”，创造不了价值。受众看得到、看得进、记得住，能够对其产生作用、能够在心里留下烙印，这才是新闻宣传的终极目标。那么，一个流量大的好新闻是由什么组成的呢？

喜闻乐见的选题

群众喜欢才是硬道理。受众眼球的注意方向，是其内心投射的方向。选题要精准，必须对受众进行分析。针对特定群体，开发个性化、专业化新闻产品，形成用户黏性。例如，针对青年这一活跃群体，运用官方微信、微博等新媒体，展开形式多样的互动，让他们成为公司价值的传播者；针对各级别领导，编制《信息参考》，涵盖国家、行业等各领域重要新闻，为领导决策提供参考；针对退休老同志，从不同维度挖掘重要新闻，每月编制《工作简报》，实时传递有价值的新闻；针对社会大众，选择与其生活切实相关的信息进行推送，针对大众对本企业的好奇心，推送企业故事；等等。

恰如其分的时机

适时发声也是一门学问。时效是检验新闻宣传水平的标尺，其内核就是把握时机发声，做到恰如其分。“时”，就是适时开发新闻资源。有一年，人民日报客户端“我的军装照”话题在“八一”前夕推出，5天时间浏览量超8亿次，一度在朋友圈刷屏，抓准了时机，就抓住了机遇，实现了“好风凭借力，送我上青云”。

明心见性的态度

灵活运用新闻资源，与受众产生共情共识，从而达到入心的效果。金融危机时期应该如何报道？媒体是否需要如此翔实的报道和分析？是一味强调“危”，还是尽量挖掘危机中的“机”？显然，我们应该选择后者。因为，这个时候信心比金子还贵。

无论是主题宣传、典型宣传、成就宣传，还是突发事件报道、热点问题引导等，都应将态度融入内容，在潜移默化中对公众进行引导。

生动活泼的方式

新闻工作者要会讲故事，将枯燥的理论转化为生动的、可读性更强、更好看的新媒体产品，使党的理论深入人民群众心中。

习近平总书记的讲话、文章中，常常用讲故事的方式传达深意、感染他人，把深刻的思想、抽象的理论，转化为鲜活的故事、生动的例子，这样一下就拉近了与受众的距离。想把党的理论这一宏观命题讲好，就需要抓住理论精髓和传播规律的结合点，把党的理论从小往大讲、从实往虚讲，从现实中典型事件、典型人物出发，深入挖掘能够引发受众共鸣的好新闻。

新闻宣传“自说自话”的时代早已远去，没有市场，没有受众，终究会被时代抛弃。从这个角度而言，新闻宣传也须看人唱戏。近日，某单位策划了一期“送文化下乡”活动，到四川省巴中市某偏远山村慰问留守老人。演员们在台上又唱又跳卖力演出，可台下观众却稀稀疏疏，没有多少人前来观看。笔者拦住了一位正要离场的老大娘："这么精彩的节目，咋不看了呢？"老大娘说："太吵了，这搁谁受得了？""对什么人说什么话"是传播学的一条定律。新闻宣传也是如此，通过对受众进行全面分析，精准掌握受众特点、受众喜好，明确受众需要获取的信息类型，综合运用各类载体做好新闻精准投送，确保每类受众都能获取最有价值的信息，这样才能提高宣传的成效。

——据国网潍坊供电公司宣传工作经验总结

行之有效

融媒体建设案例——潍电融媒体中心巡礼

潍电融媒体中心于2019年9月挂牌成立，是山东省首家电力行业融媒体中心。关于"融什么""怎么融"的问题，潍电融媒体中心探索出了资源、产品、平台融合运营机制，实现了市县一体的资源融通、产品融创、平台融享。各类作品荣获国际、国内、国资系统多个奖项。

一、空间概况

潍电融媒体中心包含演播室、导播室、采编室、器材室及形象展示区等区域。

演播室具备实景或虚拟演播、实时直播等硬件功能；导播室具备节目演播过程的监看监听、信息交互等功能，能够满足音视频剪辑制作、成片审核等工作需求；采编室按照"中央厨房"全链条生产需求，便于新闻采编人员集中办公。

形象展示区分为4部分，logo是一个祥云围绕的“融”字，寓意共融互通，欣欣向荣；形象墙融合摄影和报纸元素，象征着传统媒体与新媒体的融合；进门长廊悬挂代表性新闻图片，展示宣传亮点；过渡区布置古董相机和雕塑绿植，营造“有情怀、有故事、有文艺”的环境氛围。

融
潍电融媒体中心

二、运营机制

建立资源、产品、平台三方融合的运营机制，实现市县一体资源融通、产品融创、平台融享。

1.“融”宣传资源

打破市县公司管理界限，统筹市县人、财、物、媒体关系资源，形成资源融合“拳头”优势。

对于人员和设备的统筹，采用平战结合的方式。平时，“常驻人员+轮驻人员”形成柔性组织架构，常驻人员为市公司宣传人员，轮驻人员为各专业青年员工及县公司宣传人员；战时（例如，抗灾抢险宣传期间），在市、县范围内选拔优秀的采编、摄像、摄影人员，组建应急小组，确保第一时间赶赴现场，应对各种急难险重的任务。

对于后备力量的统筹，定期组织交流学习，吸引青年员工以及对摄影、摄像等感兴趣的员工共同运营融媒体中心，为其提供固基、扩展、提升三阶培训培养，将融媒体中心作为宣传人才培养基地，培养全员宣传意识、宣传能力，逐步实现“人人都是宣传员”的工作模式。

对于宣传资金的统筹，打破原有各县公司宣传费自主使用的模式，市公司综合考虑全年重点宣传任务，进行集约分配管理，避免重复投资。

对媒体关系的统筹，集合市县高端媒体人脉，形成常态联系攻关机制，市县一体开展高端媒体合作，使整体宣传更精准，亮点更突出。

2.“融”多元产品

重塑以“策、采、编、发”为核心的“中央厨房”生产流程，实现“集中策划、一次采集、多种编辑、多元发布”。

实行市县一体“年计划、月策划、周选题”，明确宣传重点，市县一体化征集新闻素材，为“中央厨房”提供更多原材料。根据策划确定的产品形式，有针对性地派出采编人员，一次性采集完成。结合不同受众需求差异，打造视频、图文、消息、通信等八大系列传播产品，在系统内外、本地、上级、客户等多种渠道传播发布。

3.“融”传播平台

整合报纸、网站、手机客户端、微信微博、楼宇电视、新闻发布会六大平台，以多元载体打造“全景式”传播矩阵。

融合市县23处办公区336个楼宇电视，实现百屏联动、同频发声，使省公司党委的声音一贯到底。同时结合重大节点、重要工作定期召开新闻发布会，自我加压、主动承诺，增进社会各界对公司的理解与支持。

三、作品奖项

以2020年为例，潍电融媒体中心结合全年工作重点，高质量完成了传播任务，多部优秀作品荣获系统内外大奖。

《三分钟　三十年》，荣获国务院扶贫办“我所经历的脱贫攻坚故事”优秀作品奖、国务院国资委“视觉新国企”优秀视频作品、“京能杯”微电影大赛特等奖、亚洲微电影艺术节能源中国单元作品奖，入选“中央企业优秀故事”。

《藏蓝丨国网潍坊供电公司援藏帮扶纪实》，获中国金风筝国际微电影大赛十佳公益作品奖，英大传媒2020年度优秀电视作品展评纪录片类一等奖。

《什么是年？》《注意！高压线下不能建房！》，获电网头条上半年新媒体优秀作品奖。

《什么是年？》 《注意！高压线下不能建房！》

《扶贫工作者的一天》《“百万书记”夏清》《从“红香椿”行动走进扶贫志愿服务》《沂蒙山里靓彩虹》，荣获潍坊市“脱贫攻坚·寻找最美的你”优秀作品奖。

《扶贫工作者的一天》 《“百万书记”夏清》

《从“红香椿”行动走进扶贫志愿服务》 《沂蒙山里靓彩虹》

案例评析

新闻舆论处于意识形态领域前沿，是党的一项重要工作，更要与时俱进，走在前列。国网潍坊供电公司主动适应媒体融合发展大趋势，在全省率先建成实体化融媒体中心并全面运营，将融媒体中心打造成了公司造势塑形、赋能聚力的主阵地，信息研判、因势利导的总控室，市县一体、融创价值的示范点。在顶层设计、运营机制方面均可圈可点，值得借鉴。

融媒体产出案例——《180 秒拆除 19 条导线》，向世界报道“中国速度”

2020年4月20日，为助力客户扩建，国网青州供电公司计划迁改4条高压线路。线路横跨青银高速公路，车流量大，仅有10分钟交通管制时间，青州供电公司要在10分钟内，完成19条导线的放线、落线、断线、抽离以及人员撤离等一系列工作。

6时20分，青州供电公司接到开始交通管制的消息后，立即启动施工，导线开始向路面缓缓降落。1分钟后，路面施工人员快速将19条导线拉至地面并断开。2分钟后，两侧施工人员迅速将导线抽离高速行车道，路面施工人员撤离行车道。6时23分，导线拆除工作完成，交通管制结束，青银高速恢复交通。

这一事件经过国网潍坊供电公司融媒体中心加工后，视频被新华社、Facebook（脸书）、Twitter（推特）官方账号刊发，向世界展示了“中国速度”。

在传播过程中，融媒体中心充分发挥了枢纽平台、制作中心与传播纽带作用。

一是前期介入策划，融合市县力量。借助定期召开的市县一体选题会，精准确定“拆除跨越高速导线”选题，立足“强”的企业形象，充分分析外界关注点、自身闪光点，深入挖掘故事背后的思想性和价值观，将选题焦点定准“中国速度”，既满足了客户的心理需求，也增强了新闻报道的可读性和趣味性。

二是中期克服困难，强化宣传制作。宣传场景覆盖整个项目厂区并跨域高速公路，场景大、时间短、施工人员多。融媒体人员前后3次到现场进行选点，划分小组施行人盯人战术，并确定必选点和备选点，确保应采必采、万无一失。

三是后期加强高端媒体立体传播。发挥融媒体中心市县一体优势，搭建“柔性团队”策划图文、专题片等高质量作品。施工当天完成文稿与视频制作，确保了宣传时效性。对外，强化与新华社等媒体的交流，争取到了媒体对国家电网的价值认同，在新华社客户端、脸书、推特官方账号刊发，向世界展示了“中国速度”，宣传了企业形象。

案例评析

新闻宣传是一项涵盖选题、策划、制作、出品的系统工程。融媒体时代，新闻宣传工作者要树立兼具管理者、开发者、使用者的立体思维，做融媒体时代的“瞭望者”。国网青州供电公司这一新闻发布案例就是一个典型的立体思维的成果。前期介入策划，充分分析外界关注点、自身闪光点；中期采集制作，确保应采必采、当天完成文稿与视频制作；后期立体传播，强化与各大媒体的联动。全过程体现了融媒体从业者敏锐、专业、创新的专业素质，值得其他从业者借鉴。

融媒体作用案例——新闻宣传也是生产力

2019年，强台风“利奇马”登陆潍坊，部分地市电网受灾严重，国网潍坊供电公司发动了一切能够利用的资源参与抢修，恨不得把伙夫也拉上“战场”。现场抢修负责人看到记者扛着相机拍照，急得牙根痒痒，冲着他们就喊：“那谁，有拍照那工夫，还不如来帮忙抬抬电线杆呢！”

听到这句话，记者笑了笑没说什么。抗灾抢修点多面广、多链条作业，无法毕其功于一役。随着停电时间一点点延长，一场因停电引发的舆情开始在网络发酵，群众意见很大。昼夜不息抢修，还要挨骂，抢修负责人一肚子苦水。

就在这时，记者采编成稿的爆款海报、直播视频、深度报道在媒体平台陆续发布，激发了社会公众的情感共鸣，网络上抱怨声少了，叫好声多了，一场因停电引发的舆情，转化成了公众对供电工作的支持。在某些重灾区，村民自发组织，主动帮助搬运物资，参与供电抢修。而那位曾对宣传嗤之以鼻的抢修负责人主动找到记者，邀请他到抢修现场采访，并评价说：“你们的新闻宣传抵得上30支抢修队伍。”

案例评析

这个案例有诸多值得借鉴之处，例如用海报的方式，一来抓眼球，第一眼吸引受众；二来不费时，受众马上能得到信息，不会因为“太长不看”而直接忽略。又如采用直播的方式，第一时间将现场情况传递给受众，新媒体的采用使受众有身临其境的感觉。这种复合方式的采用，较之传统宣传方式更有优势。在信息爆炸的时代，受众的注意力极为分散，要在万千声音的干扰下，精准传播党的声音，必须应势而变，搭建集新技术、新方法、新内容的融媒体，确保党的宣传在舆论广场成为主旋律。

问渠那得清如许？
为有源头活水来。

国企的企业文化是在党的引领下创造的精神财富，在具体实践中，党建为各项工作注入思想和灵魂，引导其创造文化价值；同时，各项工作的开展，其过程和成果又为党建工作提供能量与支撑。

以党建引领企业文化建设，坚持用党的优良传统教育人，用优秀文化熏陶人，从而实现员工对企业的认同感、归属感、获得感，将个人成长与企业发展紧密结合起来。

以群团建设营造和谐氛围，加强党对工会群团统战工作的领导，发挥工会桥梁纽带作用，服务好群众，提高员工幸福感、

第三部分

PART THREE

价值滋养

——党建价值的辐射拓展

获得感。

加强党对团青工作的指导，促进青年成才，为国家、企业培养后备力量。

践行社会责任，打造志愿服务体系，帮扶社会弱势群体，体现国企担当，树立国企的良好形象。

通过文化建设产生引领力，通过党的群众工作产生凝聚力，通过团青工作培养生力军，通过志愿服务将党建价值由企业内部延伸到企业外部，发挥更大的影响力。这是一条文化滋养的路径，也是一条党建创造文化价值的路径。

文化是一个国家、一个民族的灵魂，对企业亦然。新时代的国企应该用先进的文化基因铸魂育人，用优秀的文化品牌立道塑形，把企业文化的“软实力”转化为企业改革发展的“硬实力”。

第八讲

软实力可以看得见

本讲导读

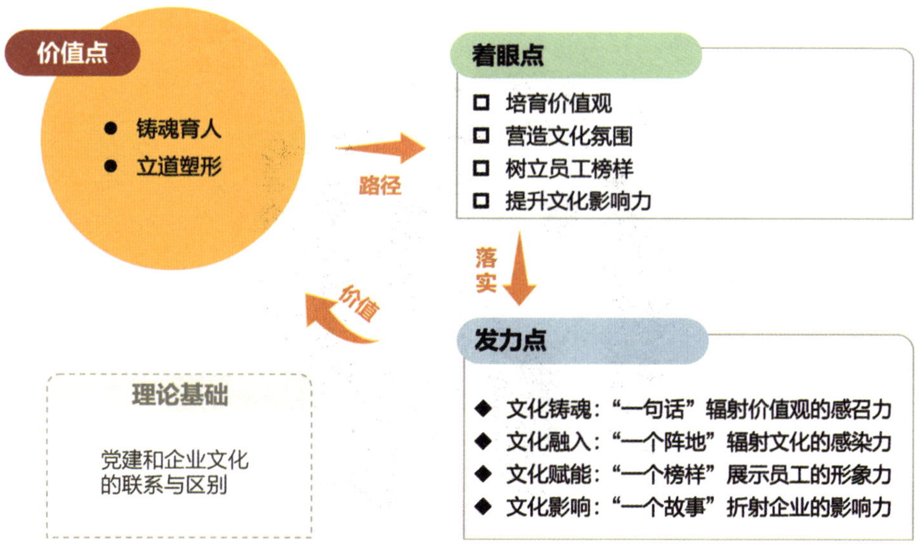

谋之有道

价值分析

当人们去一家企业学习调研的时候，可能会在显著位置看见一些美观的标语口号，也可能被引导着参观一些展示专业工作特色亮点的阵地，也可能到基层单位去，看劳模工作室的创新成果展示，这位劳模可能给你讲一个工作中的故事。一路走，一路看，你就大体上了解了这家企业的文化，感受到了干部员工的精神风貌。文化软实力本来是一种隐性的存在，参观者之所以能感受到，是因为这家企业做了许多让文化软实力“显性化”的工作，使企业文化“看得见”。杰出的匈牙利数学家乔治·波利亚说过：“抽象的道理是重要的，但要用一切办法使他们看得见、摸得着。”

看得见才能被感知。根据信息感知理论，人类通常是依靠自身的视觉、听觉、触觉等器官，来获取和接收信息。据研究，其中视觉信息占60%，听觉信息占20%，触觉信息占15%。文化信息需要让人们看得见、感知到，只有感知到，才能不断认知和强化。让文化软实力看得见，就像打开了一扇门，让企业文化不再是“蒙娜丽莎的微笑”，神秘而又不可触及。

看得见才能被践行。感知才能认知，认知才能认同，认同才能践行。企业文化以通俗易懂的形式，渗透于工作生活的方方面面，才能为员工所接受，并转化为具体行动。

看得见需要载体。要让文化软实力成为“看得见”“摸得到”“触得着”的文化，就需要给它找到一些附着载体。理念口号、文化阵地、典型人物、文化故事等，都是常用的文化附着载体。

延伸阅读

软实力是什么？

“软实力”的概念最早由美国新自由主义国际关系学派学者约瑟夫·奈于20世纪90年代提出。软实力相对于硬实力而言，是指能够影响他国意愿的无形的精神力，包括政治制度的吸引力、价值观的感召力、文化的感染力、外交的说服力、国际信誉以及领导人与国民形象的魅力。

企业软实力是国家软实力的组成部分，是建立在企业硬实力基础上，能够有效吸引和影响利益相关者以及其他社会客体以实现企业可持续发展的能力。

企业软实力的内涵包括管理制度的吸引力、价值观的感召力、文化的感染力、员工形象、社会声誉以及市场信用和品牌影响力等。从内涵来看，基本上都属于企业文化范畴，换言之，企业软实力的核心就是企业文化，打造企业软实力，关键在于建设先进的企业文化。

——据企业文化专著提炼总结

理论与策略

1. 党建工作与企业文化的联系与区别

党建工作的基本内容是依照党的纲领和中心任务，通过有组织的教育引导，使员工树立正确的价值观和人生观，调动员工积极性，服务于企业生产经营。同时，对员工的各种思想和情绪问题进行疏导，通过思想政治工作予以解决。企业文化建设的基本内容是根据企业内外环境和条件，确立生产经营哲学、企业精神、企业价值观，凝聚人心、规范行为、树立企业形象等。二者既有联系，又有区别。

党建和企业文化的联系，从工作对象与内容来看，二者都以人为对象，都有思想工作内容，都致力于对观念意识的影响；从工作目标来看，都是为了提高工作对象的思想水平，增强企业凝聚力，提升企业竞争力；从工作方式来看，都通过宣传教育，对工作对象产生潜移默化的影响；从工作主体来看，基本上都由党建和群团部门负责。

党建和企业文化的区别，从内涵来看，企业文化还包括生产经营方面的价值观以及相关制度文化、物质文化内容，党建另有保证党的路线、方针、政策在国企落实的内容；从功能来看，企业文化侧重于管理方面，党建侧重于政治方面；从风格来看，企业文化追求特色与个性，党建更注重严谨与规范。

2. "党建引领、有机融合"是打造国企软实力的关键

国企软实力的打造，就是以党建引领企业文化建设，从二者互相联系

的地方着手，奠定企业思想、文化基调；从二者互相区别的地方寻找创新空间，打造文化特色。二者充分融合，将在思想文化领域形成巨大合力。

党建引领是指在理论武装、指导方针、理想信念方面，党组织能够把方向、管大局，确保企业沿着正确的航线稳健前行。有机融合，是指党建和企业文化的很多工作可以并轨开展，既提高了效率，又增强了合力，有事半功倍之效。

党建引领企业文化建设的过程，是一个思想（价值观）导入—认同—践行—输出的过程。导入阶段，全员参与，明确企业的价值观；认同阶段，通过宣贯，员工对价值观由认知到认同；践行阶段，员工在工作中践行价值观，其中优秀者成为企业文化的形象代言人，即榜样人物；输出阶段，企业文化对企业外部产生影响，输出优秀的文化，外部广泛流传企业的故事和美谈。

从这4个阶段可以推断出企业软实力的4项关键指标，分别是价值观的感召力、文化的感染力、企业员工的形象力和企业的影响力。党建工作和企业文化建设的有机融合，可以从软实力的4项关键指标入手，开展相应的工作。

首先是价值观的培育。思想建设是党的基础建设，也是培育正确价值观的途径。企业价值观的培育，既要善于从实践中总结经验，探索规律，又要善于以党的理论创新成果指导企业文化发展；既要继承和弘扬企业优良传统，又要借鉴人类一切优秀文化成果，从而在实践中不断提炼、总结、升华。党建融入中心工作，党的先进思想融入文化理念，确保文化创新能解决实际问题，充满活力。

其次是文化氛围的营造。宣传教育是党建工作的看家本领，物质文化建设是企业文化的出彩所在，二者的有机结合，对企业文化氛围的营造会产生巨大的加成作用。建设文化阵地，拓宽宣传渠道，通过党建的思想教育和企业文化的渗透，能够扩大企业文化的辐射范围，提升企业文化感染力。

再次是员工素质的提升。无论是党建工作，还是企业文化建设，都要坚持以人为本。这就需要把党员的党性修养与员工的理想信念、敬业精神培养紧密联系在一起；同时发挥共产党员的先锋模范作用，树立榜样，影响、带动员工进步与成长。

最后是文化影响力的扩大。在这一方面，党建在宣传方面的优秀经验和企业文化在品牌传播方面的做法可以有机结合，扩大企业的影响力，营造发展的良好环境。

参之有据

文化铸魂："一句话"辐射价值观的感召力

"一句话"是指企业精神和价值观。价值观是企业文化的灵魂，是一个企业的行为信条和判断标准。如果员工能够认同、信奉并践行企业的价值观，就能够极大地促进企业发展；如果外部人员认同并欣赏企业的价值观，就能够为企业营造良好的发展环境。因此，价值观的感召力是企业软实力的重要组成部分。

1. 温故而知新：价值观的来源

价值观有两大主要来源：一是历史的优良传统；二是支撑未来发展而引入的先进理念。

优良传统是企业这个“大家”的家风，是每位成员的集体认同，是给“家”中后人树立的价值准则。传承企业优良传统，就是传承企业成功的基因密码。

现代的先进理念是注入企业的“活水”。它涤荡落后的尘埃，为未来发展指明方向，让每一位成员重新审视自己，向更好的自己迈进。

2. 源于实践，高于实践：价值观的提炼

一个企业有一个企业的历史，一个企业有一个企业的积淀，一个企业有一个企业的标签。提到海尔，我们想到的是“海尔——真诚到永远”；提到华为，我们想到的是“以奋斗者为本”；提到格力，我们想到的是“让世界爱上中国造”……朗朗上口、易懂、易记、易传播的口号，让人们记住了企业的名字，也传递了企业的理念，促进了品牌的传播。

国有企业大都有自己的企业志，少则十几万字，多则几十万字。要从这纷繁复杂的史实中捕捉精神的内核，实现传统的传承，就需要通过口号等简洁的语言形式，把精神提炼出来，让传统薪火相传。

企业精神和价值观的提炼，是一个去伪存真、去粗取精的过程，一般要经过以下步骤。

第一步，资料研究。对企业所处行业的特点、企业的战略、企业的

发展史、企业家的个性进行研究；提炼出行业的关键成功因素，支持企业战略的价值观和理念，企业过往发展过程中的优秀基因，企业家的个性；等等。

第二步，问卷调查。通过对企业员工进行问卷调查，从员工了解公司目前的企业文化现状和存在的问题，同时也了解员工对企业文化的诉求。

第三步，企业文化理论提炼会议。集合企业高中层管理人员进行封闭式会谈，会议气氛轻松开放，所有人各抒己见，最后提炼出大家一致认同的文化理念。

第四步，对企业文化理念进行修订。对管理层总结提炼的企业文化理念进行诠释和润色，将修订内容制成企业文化手册，在公司内进行宣传。

企业价值观是优良传统、先进理念和其他影响因素如地域文化、领导风格等的交集，传统因素产生安全感，先进因素产生目标感，区域因素产生归属感，员工在综合作用下，作出相应的行为，推动企业走向最后的成功。

文化融入："一个阵地"辐射文化的感染力

"一个阵地"是指企业文化展示阵地。文化要感染人，需要进入一定的情境，氛围的营造至关重要。文化阵地是营造氛围的重要载体之一。文化阵地大致可以分为三种类型：一是综合型，如企业发展史馆等；二是专题型，如专业文化长廊等；三是实践型，如企业文化示范点等。

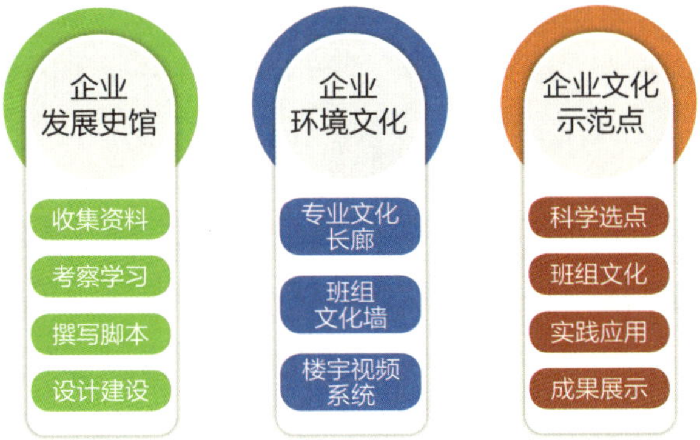

1. 知往鉴今：建设企业发展史馆

历史是最好的老师。国有企业一般都有较长时间的发展史，建设企业发展史馆是传承企业优良传统、传播优秀企业文化、激励员工奋发进取的重要途径。

要建设企业发展史馆，不是简单地请人来搞装修工程，必须亲力亲为，才能作出自己的东西。以下方式可资借鉴。

收集资料。建设史馆不仅需要文字和图片，还需要大量的历史实物。这些资料和资源的来源主要有四个：一是企业档案室的存档资料；二是全体员工尤其是离退休人员提供的历史资料或实物；三是地方政府档案馆、史志办等部门提供的与企业有关的历史资料；四是社会上遗存的与企业有关的历史资料或实物。

考察学习。广泛学习考察其他展馆的建设思路、设计风格和施工工艺，包括国家层面的大型主题展览、地方的主题展馆，标杆企业、同行业的企业内部展厅，等等。学习借鉴，博采众长，才能建出一座高质量的企业发展史馆。

撰写脚本。脚本既是展览的大纲，也是施工的“路线图”，关乎展览的框架、内容、层次。既然是企业发展史馆，总体的流线不妨采用时间线，结合企业发展历史，按照重要时间节点进行规划。企业发展史馆作为企业文化教育中心，重点是把本企业的人物、故事、精神表现出来。需要提示的是，在撰写脚本的过程中，需要充分调动离退休员工的力量，讲述过去的故事和细节，让展览更加生动、感人。

设计建设。在展馆设计上，要追求艺术感和美感，综合运用浮雕、雕塑、油画等艺术手法，并且融入电视片、数字沙盘等现代化的展示方式，用声光电影画多维度呈现，给人全感官的感染力。同时，从企业现实出发，可将展馆分成历史和当前两个部分，历史部分保持相对固定，当前部分可适当增加更换频率，做到守正与创新相统一。

2. 润物无声：打造企业环境文化

办公区域是企业文化传播的重要阵地。国有企业应大力开展环境文化建设，打造具有自身特色、接地气的环境文化体系，营造浓厚的文化氛围，让员工随时随地感受到优秀企业文化的熏陶。

专业文化长廊。利用企业办公空间，每个专业部门都可以打造具有本专业特色的环境文化阵地。专业文化长廊按照统一的标准化架构进行谋划设计，具体内容结合自身实际，各有不同。标准化架构通常包含上级精神、党建融合、专业理论、专业文化、工作思路等内容。

班组文化墙。做好顶层设计，按照班组性质设计文化墙，使班组的文化墙既风格统一，又兼顾特色。通用模块是“基本价值理念”，主要展示核心价值观和企业文化理念。差异模块为特色部分，可围绕班组专业和特色方面进行展示。

楼宇视频系统。随着企业信息化建设的推进，国有企业一般都建立了自己的楼宇视频系统。这一系统因时效性强、覆盖面广、形象生动的特点，成为传播党的声音、传播文化故事、开展员工培训等多功能的综合媒介。企业文化音视频作品要广泛借鉴各类艺术手法，进行创意创造，让员工耳目一新、喜闻乐见，在潜移默化中实现灵魂塑造和道德养成。

3. 以点带面：创建企业文化示范点

企业文化示范点，是文化理念传播与落地实践的结合点，充分发挥示范点的辐射带动作用，能够促进专业成线、地域成片，带动基层企业文化建设水平的整体提升。国企文化示范点的创建，一般都有标准制度和流程。

一是创建点的选择。要把“工作业绩优、示范作用强、群众评价好”作为选择标准，按照“专业分布合理、地域覆盖广泛”的要求，分专业、分区域开展创建工作，让企业各系统、各专业、各基层单位都学有榜样、赶有目标。

二是班组文化的提炼。要提炼属于本班组特色的文化体系，需要厘清企业文化与班组文化的承接逻辑，找准每个班组的业务特点和文化秉性，在企业文化建设部门指导下，尊重基层班组首创精神，提炼出一套能够指导班组业务实践的特色文化体系，使之成为企业文化示范点的灵魂。

三是文化落地实践。企业文化建设的最终目的，是塑造一流员工，创造一流业绩。班组特色文化提炼出来以后，要通过开展文化主题实践活动，推动文化理念落到工作实践中去，实现企业文化在基层的落地生根，使企业文化示范点同时成为创新发展的示范点。

四是创建成果展示。在展示内容上，要把班组理念、文化实践、工作业绩、先进典型等展示出来；在展示形式上，可以通过宣传栏板、专题片、微视频、折页、画册等进行立体化展示。

文化赋能："一个榜样"展示员工的形象力

"一个榜样"是指企业的典型人物。一个时代有一个时代的英雄人物，一个企业有一个企业的典型榜样。榜样是"看得见的哲理"，把抽象的、无形的价值，变得具体而有形，让人们可见可感，在内心深处自然而然生出一种见贤而思齐的自觉。更重要的是，这种力量还会产生一种“涟漪效应”，最终实现企业价值理念和正能量的不断传递。

1. 典型人物的类型：行行出状元

典型人物以人格化、形象化、能动化的特点来承载企业文化，基本可以用四种类型来概括，分别是创新型典型人物、先锋型典型人物、黄牛型典型人物、道德型典型人物。

创新型典型人物。该类典型往往天赋异禀，勇于在工作中探索创新，一般是在专利、发明、QC（质量控制）等技术领域，采用了创新的思维思路，改进了工作方式，提高了工作效率和质量。例如，“蓝领创客”国网天津公司的张黎明就属于这一类型，张黎明扎根电力抢修一线31年，开展的技术革新有400余项。

先锋型典型人物。当公司面临急难险重任务，或者处于危急变革时，先锋型典型人物就会迎难而上、脱颖而出、成为榜样。“铁人”王进喜就属于这一类型，他率领钻井队以“宁肯少活二十年，拼命也要拿下大油田”的顽强意志和冲天干劲，打出了大庆的第一口油井。他身上所体现的铁人精神，也成为中华民族的宝贵精神财富。

黄牛型典型人物。黄牛型典型又称为专业专注型典型，他们是那种持之以恒、坚忍不拔的人物，多年来专注于自己的专业，深耕细作，精雕细琢，精益求精，将平凡的本职工作做到了极致。“宁愿一人脏，换来万家净”的新中国第一代劳模时传祥是这一类型的代表，在他身上集中体现了爱岗敬业、吃苦耐劳的奉献精神。

道德型典型人物。道德模范典型是在工作和生活中道德高尚的人物，他们往往乐于助人、见义勇为、孝老敬亲，体现了一个人的精神高度，树立了时代的价值标杆。每年评选的“感动中国”人物、各地评选的“××好人”均属于这一类型。

2. 典型选树的关键点

典型选树要抓住关键点，选得全、立得住、推得开、用得好。

典型要“选得全”。在选树标准上，除了政治过硬、事业为上、业绩突出等共性要求外，还需要根据单位内部的岗位特点，分别选树具有各自代表性的典型人物。

精神要“立得住”。典型人物的精神内涵需要通过具体、感人的事迹来体现。要把典型人物树起来并发挥好作用，就需要通过自己讲、同事谈、现场看等途径，深度挖掘典型人物的所思所想，充分展现典型人物的突出业绩和人格魅力。

经验要“推得开”。“推得开”是指选树的典型要具有较高的群众认可度，避免出现选树的典型不过硬甚至虚假典型、职工群众不信不学的现象。同时典型要有代表性和可复制性，其成功经验容易被身边员工模仿、复制，只有这样，干部群众才容易从身边点滴做起，从自我要求做起，积极行动起来对标追标超标，单位内部才容易形成你追我赶、水涨船高的大好局面。

典型要“用得好”。让先进典型充分发挥示范引领作用是选树典型的根本目的和意义。实现这一点，不能单靠员工的自发自愿，还要靠企业的组织引导。对于创新典型，要通过建设创新工作室、主持创新项目等形式，引领企业持续创新，攻关企业发展难题；针对党员典型，要敢于压担子、挑重任，让其在急难险重任务中彰显先锋风采；针对道德典型，要纳入公司志愿服务体系，在典型人物的带领下，提升全员思想道德素养。

延伸阅读

典型选树的误区

重“前期选树”轻“后期推广”。不少单位误认为选树典型就是把典型人物选出来，发了表彰文件和证书后，工作就结束了。对典型选树出来后，如何确保“典型不倒”、如何通过组织手段充分发挥他们的带动作用，考虑甚少。这种情况下，选树的典型容易“一枝独秀”，难以形成单位内部“百花齐放”的局面。

重“开屏孔雀”轻“平凡老黄牛”。很多单位在选树典型时往往考虑的是候选人有没有大成果、大奖项、大业绩，若没有就难以入围，“亮点”成了门槛；对于多年如一日踏实敬业的“老黄牛”，往往以口头表扬为主，选树典型时难见踪影。客观上讲，有亮点成果者固然值得其他员工学习，但“唯亮点论英雄”就显得极端，而且埋头苦干历来是我们党的优良作风，“老黄牛”精神是大多数典型人物的共有基因，这笔宝贵精神财富永远不会过时，永远值得学习。

重“统筹平衡”轻“含金量筛查”。个别单位将考核等级、奖金、荣誉称号、疗养等作为自己手中的甜点，用于“内部统筹平衡”，比如给某员工的奖金发低了，就用荣誉称号来“弥补”一下；或者采取“轮流坐庄”确定荣誉人选，今年张三、明年李四，保证大家人人有份。更有甚者为了“平衡”而把不够过硬的人员选树为典型。这种情形下，这项工作就变成了“发福利”，典型人物的权威性大打折扣，含金量难以得到保证，甚至容易引发质疑。这种做法的危害堪称具有颠覆性。

——摘自《浅析充分发挥典型人物示范引领作用的三个工作误区和三个精准发力点》

作者：薛亮

《智富时代》2019年第12期

文化影响："一个故事"折射企业的影响力

"一个故事"是指企业文化故事。企业的影响力是软实力的对外体现，故事的流传会让社会更了解和认同企业，是塑造对外形象、打造影响力的有效手段。

1. 为什么要将企业文化故事化

习近平总书记指出，讲好中国故事，传播好中国声音，是培育和践行社会主义核心价值观的重要途径。同样的道理，讲故事也是传播企业文化理念的重要途径和方式。

故事能打动人心。一流企业做文化的观点已被广泛认同，但很多企业投入巨资进行企业文化建设，结果却是流于形式的多，真正有实效的少。企业文化真正由虚而实，从口号变成企业管理最核心的凝聚力，关键在于人心。而最能打动人心的是故事。通过故事，企业文化空洞的口号可以变成身边人身边事，变成活生生的现实。

故事能引起感悟。企业文化本身是一种软实力，如果采用硬性灌输的方式，对员工进行企业文化教育，容易引起员工对企业文化的厌烦。通过讲文化故事的方式，可以将条文的硬性灌输变为道理的自我领悟，让员工在软性的故事情节中自省自觉，逐渐领悟到企业核心价值观的真谛。

故事能阐发道理。企业文化理念具有辞约义丰的特点，虽然朗朗上口，但员工往往不能深刻地理解。通过讲各种类型的文化故事，可以将企业文化理念中蕴含的道理，分别嵌入其中，让深奥的道理浅显化。讲故事不是目的，通过讲故事诠释并传递其中蕴含的理念和道理，才是讲故事的真正意义。

延伸阅读

大象旅行的故事

2021年上半年，一群亚洲象冲出西双版纳保护区，一路向北，行程超过500公里。这群大象吸引了全世界的目光，BBC、CNN、NBC、纽约时报、华盛顿邮报、朝日新闻、TBS……罕见地集体把目光投向了中国西南。令人诧异的是，他们这次报道中国的风格发生了180度的转变，一扫过往的抹黑做法，没有一家西方媒体在大象一事上对中国进行苛责，让世界舆论场中的中国，获得了一个罕见的好名声。

通过全程跟踪象群的迁徙，大篇幅、高密度的报道，当地政府的应急处理以及背后的环境保护意识、云南的美丽风光、昆明的现代都市形象、群众展现出的包容与善意，展现在了全世界的面前，折射了中国的软实力。一名国外网友的评论，能充分概括世界舆论在大象旅行一事上对中国表现出的善意——“大象也知道中国是一个好国家”。

过去十多年，在国际传播中，中国一直在追求“讲好中国故事”，做好中国形象宣传。这一次，依靠“大象旅行团”实现了，这其中所涉及的故事主角选择、讲述方式、背后的价值观共鸣，对讲述中国故事、企业故事都是一个有益的启发。

——据相关新闻资料整理总结

2. 如何将企业文化故事化

国有企业是中国故事的“富矿”，企业文化故事就在身边。文化故事最好的来源是公司内部，文化故事的最佳主角是公司的负责人或者员工。文化故事离受众越近，主角越是为受众所熟悉，其影响力和感染力就越强。可以围绕公司文化理念，在自觉践行过程中挖掘、发现一些重大事件、典型人物，通过这些文化故事来教育员工、感染员工。

有主旨的分类挖掘。企业文化故事的类别多种多样，一是可以分类别挖掘，如历史故事、创业故事、创新故事、道德故事、品牌故事等；二是可以分专业挖掘，如安全生产、经营管理、客户服务等专业系统的故事；三是可以分人物挖掘，比如可以分企业家、中层管理者、一般员工、基层一线员工等类别，分别阐述他们的创新创业故事。

有态度的艺术加工。在文化故事的创作过程中，既要广泛运用艺术手法，增强故事感染力，又要坚持一切源自真实，不随意“放大”事实。文化故事不应是“阳春白雪”，而应是“下里巴人”，以叙述为主，以客观事实为主。过度故事化的“艺术创作”，只会适得其反。同时文化故事的创作，要坚持以企业价值观为核心，立足于传递企业的信仰、使命和态度。如果为故事而故事，即使写得天花乱坠，也失去了文化故事本源的目的和意义。

3. 企业文化故事的传播途径

由谁讲：亲历者和说书人

人们都喜欢听故事。但与历史故事、神话故事不同的是，企业文化故事是企业自己的故事，由故事主角本人或身边人讲出来，可信度更高，因为他们不仅是讲述者，更是故事的亲历者或见证者。当然，由于禀赋不同，并不是每个故事的主人公或身边人都能把故事生动精彩地讲述出来，这时就需要公司内部的专业讲述人。对这部分人，企业应该就讲述技巧等方面进行针对性培养，不断提高讲述的感染力，最终通过故事打动受众、传递理念。

怎么讲：温度和风度

讲述是一项技术，也是一门艺术。首先，要以情感人。人没有被说服的，只有被感动的。我们无法通过智力去影响别人，而情感却能做到这一点。每一个企业文化故事都是最有温度的传播载体。讲文化故事，要把主人公的情感波动讲出来，把千难万险讲出来，给受众一种情感的共鸣和心灵的震撼力。其次，要通过PPT、视频等方式，把文化故事寄托到某个看得见的画面之中，当一个故事实体化之后我们记住的是一个画面或一段视频，它让我们对故事更加印象深刻。最后，把文化故事寄托于某个实物上。社会培训中，一些高级培训专家有时会带着一些实物到现场配合讲解，这样会增强文化故事的真实性和说服力。

在哪儿讲：线下和线上

一是实体平台。例如，企业内的各类培训平台，是宣讲文化故事的重要场所，不仅可以让员工受到教育，还可以活跃培训的气氛。同时企业讲师团是宣讲的主力军，让这些人来讲文化故事，更能讲好、讲透、讲彻底。

二是活动平台。企业内部的劳模宣讲会、主题报告会、体育文化节等活动，也是宣讲文化故事的良好契机。

三是信息化平台。在信息化快速发展、媒体加速融合的大趋势下，国有企业理应充分利用好融媒体，讲好文化故事，传播国企声音，壮大主流舆论。

行之有效

价值观培育案例——“潍电精神”的形成

在全面梳理潍坊电业发展史的基础上，国网潍坊供电公司对“潍电精神”进行了提炼总结，通过多种形式广泛征求公司干部员工的意见和建议，最终形成了“潍电精神”核心内容——“爱国爱企、唯进唯实”：爱国爱党、为党工作的红色基因；爱企如家、建功电力的家国情怀；创新奋进、拼搏奉献的铁军作风；笃实争先、攻坚克难的不懈追求。“唯”字既代表了潍电人坚韧不拔的毅力和锲而不舍的精神，又与潍坊的“潍”字谐音，一字双关。“潍电精神”是潍坊供电公司在发展过程中积累的宝贵精神财富，其形成经历了3个阶段：

“潍电精神”的萌芽 红色基因——爱国爱党（1948 年潍县解放初期）

潍坊电业在潍县解放的隆隆炮火中焕然新生，翻身做主人的潍电人，“跟定共产党，干社会主义”，以空前的热情、最快的速度恢复供电、支援全国解放。“潍电精神”从诞生的那一刻起，就注入了爱国爱党的红色基因，并成为潍电人心中的永恒底色。

“潍电精神”的生根 家国情怀——爱企如家（中华人民共和国成立到改革开放前）

中华人民共和国成立后，面对一穷二白、百废待兴的困难局面，潍电人坚决响应毛泽东“为新中国建电厂架线路”的号召，以企为家、大干快上，实现了从仅有两条木杆线路到结束孤网运行、融入山东电网的历史跨越。爱企如家、艰苦创业、建功祖国电力的家国情怀，成为潍电人代代相传的血脉灵魂。

“潍电精神”的壮大 铁军作风——创新奋进（改革开放以后）

改革开放以来，潍电人解放思想、改革创新、砥砺奋进，大力发扬“特别能吃苦、特别能战斗、特别能忍耐、特别能奉献”铁军作风，逐步实现从村村通电、户户通电到建成坚强智能电网，企业管理跃居全省前列。拼搏奉献、砥砺奋进的铁军作风，成为潍电人浸入骨髓的形象标签。

案例评析

人无精神不立，国无精神不强。唯有精神上站得住，站得稳，一个民族才能在历史洪流中屹立不倒，挺立潮头。一个企业也是如此。企业价值观不是凭空而来，它是历史烙印、文化基因、成功因素和行为偏好的交集，深刻影响着一代又一代的员工。潍电精神根植于中华民族优秀传统文化，流淌着革命文化和社会主义先进文化的血液，饱含着电力行业的传统和风格，更有企业自身的丰厚积淀。它从历史、实践中被提炼出来，又用于指导实践。近年来，国网潍坊供电公司各方面工作均走在行业前列，成绩显著，毫无疑问，这是潍电精神厚积薄发、发扬光大的结果。

文化融入案例——潍坊有个“许振超班组”

潍坊供电带电作业班有一个响亮的名字——许振超班组。之所以叫“许振超班组”，是因为“干就干一流，争就争第一”的振超精神，深受班组全员的认同。在这种争先精神的引领下，“许振超班组”逐渐成长为全省闻名的基层班组。

“争就争第一，越是困难越能激发斗志”，这是“许振超班组”最宝贵的品质。带电作业面对的是1万伏甚至几十万伏的高压电，每一次作业都是“现场直播”，必须具备过硬的心理素质和过人的技术绝活。他们的“法宝”就是比武竞赛，小赛拼技能素质，大赛比协同能力。通过比武，班组成员们练就了“一口清、一杆准、一步到位、一把刀、一系牢、一声辨、一锤定音”七种绝活。“比着看、帮着学、赛着干”成为班风，带来的是专业素质的不断提升和青年人才的快速成长。

“不停电就是最好的服务”，随着人民群众生活水平的提高，对电力稳定供应的要求也越来越高。“许振超班组”承担着潍坊市1万余公里输配电线路的带电检修和抢修工作，平均每天带电作业10余次。无论酷暑寒冬，无论风吹日晒，潍坊市的大街小巷里总能看到一群“小黄人”站在斗臂车上认真地工作。大雪纷飞中手脚冻僵了，烈日暴晒中衣襟湿透了，他们始终坚守，无怨无悔，用实际行动践行“人民电业为人民”的庄严承诺。

他们还将带电作业带到了雪域高原，挑选精干力量组成青年突击队，赴西藏日喀则开展带电作业专项帮扶。在帮扶期间，他们战胜了环境和生理上的双重挑战，以缺氧不缺精神的斗志，协助日喀则公司梳理编制作业指导书19份，补充工器具357件，开展现场实训42期次，培养作业人员6人。开展“三区三州”工程实施、业扩接火和配电自动化建设不停电作业60次，避免线路停电35条次，创造了“一最两首次”的纪录（国内海拔最高、日喀则首次带电作业、西藏首次复杂项目带电作业），实现了日喀则市区配电自动化设备不停电安装率100%、业扩不停电接火率提升至95%以上，供电可靠性提升0.35个百分点，推动了日喀则配网检修方式的突破和带电作业的跨越式发展。

成立至今，“许振超班组”先后荣获国家电网公司一流班组（“工人先锋号”）、国家电网公司企业文化建设示范点、山东省创新型班组、全国安全管理标准化示范班组等称号。这个年轻的班组还将继续奋斗下去，创造更大的辉煌。

案例评析

班组文化是指班组成员在共同价值观的支撑下，共同认定的思维方式和办事风格。班组文化是企业文化的有机组成部分，是企业文化在班组层面上的体现。企业文化引导、推动、影响着班组文化的形成。班组文化则是以企业文化为基准，将其内容完善和分解，与此同时反映出班组自身特点，并适应班组运行规律。班组文化建设的最高境界，就是班组成员相信自己是在最适合自己的组织中工作，产生由衷的归属感、自豪感，班组内全体成员成为同呼吸、共患难的伙伴，从而共同渴望成功、创造奇迹。“许振超班组”就是这样一个样板，始于认同“振超精神”，做到内化于心、外化于行，最终取得优秀的成绩。全国人大常委会委员、全国总工会副主席许振超曾特别撰文《为潍坊供电公司“许振超班组”感到骄傲》，表达了对“许振超班组”的肯定。

人的需求是多层次、多维度的。企业党组织要始终秉承“以人民为中心”的发展思想，建设“有温度的企业”。通过建立系统、完善机制，科学、理性地满足企业员工不断增长的对美好生活的需求，积极倡导健康的幸福观和幸福生活方式，进一步密切党群干群关系，提升员工主人翁意识，为企业发展增强凝聚力、向心力。

第九讲

幸福需要配方

本讲导读

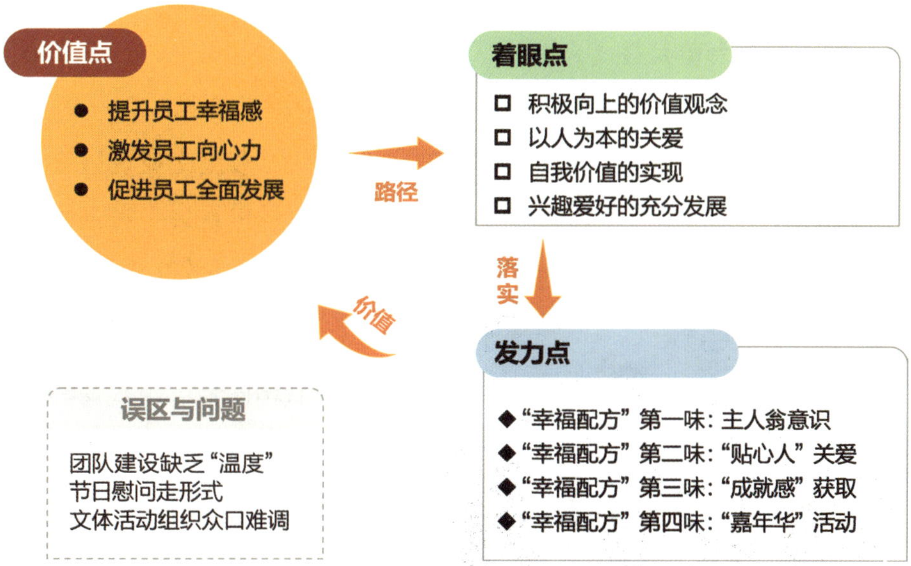

谋之有道

价值分析

上下同欲者胜。当员工发展导向与企业发展方向完全一致时，同频共振，会创造巨大的价值。因此，提升员工的幸福感和获得感，也是在为企业创造价值。党建工作者要发挥党建带工建作用，让工会当好联系群众的桥梁和纽带，探索属于国企员工的“幸福配方”，引导和倡树正确的幸福观，把党的关怀送到员工身边，同时组织发动员工完成党的中心任务，并在奋斗过程中让员工实现个人的全面发展。

问题与对策

中央电视台曾经在《走基层·百姓心声》调查节目中对几千个不同行业的人进行采访，问的都是同一个问题：“你幸福吗？”一时间，“幸福”成为媒体热词，引起了人们的高度关注。莎士比亚说过“一千个观众眼中有一千个哈姆雷特”，对于幸福这个只可意会不可言传的形容词，仁者见仁，智者见智。

幸福没有一个固定的模式，但总体来说，必要的物质基础、思想境界的提升、家庭和社会生活的满足、自我和社会价值的实现是幸福的四大支柱。

国企员工作为工人阶级的重要组成部分，有效提升员工的幸福感和获得感，本身就是中国特色社会主义的一个目标，也能够更好地实现企业价值创造。但员工个体差异、价值观和兴趣的多元化都可能导致幸福感的众口难调。从企业角度来说，无限满足员工的物质和精神需求，既不符合企业实际，也会导致幸福感的迟钝和空虚。同样，过度的“画饼充饥”，也会让得不到幸福满足的员工产生心理落差和抱怨。

从实现幸福的关键因素出发，完善相关机制，创新方式方法，是营造员工幸福感的必由之路。

首先，要树立积极向上的价值观念和心理机制。解读马斯洛理论不难发现，深层次的幸福源于自我价值的实现，幸福的获得与达成需要在奋斗中感受，在奋斗中创造。因此，要培养员工热爱岗位的激情，让员工把眼下的工作当作自己的事业，并在工作中自然而然地感悟“幸福都是奋斗出来的”“奋斗本身就是一种幸福”的幸福观。

其次，要提供有温度的尊重和关爱。现在的国企员工，绝大多数已经越过了生理和安全的浅层次需求，开始向归属、尊重和自我实现的高层次需求发展，有时候从物质角度出发的关爱，反而会阻碍员工对归属、尊重和自我实现这些更高层面的追求。这就需要工会针对员工的需求现状，精准策划关爱方案，从尊重员工做起，从细节做起，注重满足员工内心更高层次的需求，为员工的幸福感加热保温。

再次，要提供价值实现的多条途径。正向行为的养成需要正向的反馈，要做好精神激励与物质激励的有机结合，实现内因与外因双重驱动，进一步激发员工的荣誉感、归属感和使命感，促使员工将自我价值的实现与企业发展相结合，自觉践行企业价值观，在推动企业发展中收获成长、展现价值、实现梦想。

最后，要促进兴趣、爱好、个性的充分发展。兴趣、爱好、个性的实现，能够使员工体验到情绪上的满足，这种满足所催生的内在激励会更持久、更有效。在企业内部，责任与兴趣相伴而生，责任源于为企业创造价值，兴趣爱好则为了实现自我满足，当二者可以通过激励引导与工作设计形成融合时，员工就会以更大的热情参与工作，并催生创造性的产出。

参之有据

国企应从自身出发，围绕精神培育、人本关爱、价值激励和活动促进4个方面，探索具有国企特色的“幸福配方”，充分调动员工的积极性、主动性、创造性，提升员工的幸福感和获得感。

“幸福配方”第一味：主人翁意识

中华人民共和国成立伊始，各行业的产业工人被“翻身当家作主人”的巨大幸福感充盈，在工厂、车间广泛开展劳动竞赛，为建设新中国打下了坚实的物质基础。随着时代的发展，员工的个体意识逐渐增强，但也出现主人翁意识却逐渐淡漠、缺失的情况，虽然不是主流，但必将影响员工对幸福的正确感受和认知。

员工的主人翁意识，作为一种积极向上的价值观念和心理机制，需要国企随着形势的发展不断加强教育、培养和引导。尤其是通过培养员工爱岗敬业的热情，让员工逐渐养成把工作当作自己的事业的责任意识，并在工作中自然而然地感悟“幸福都是奋斗出来的”“奋斗本身就是一种幸福”。

新时代的劳动者已经不再是普通意义的劳动者，而是有着充分文化自信的劳动者，是精神生活十分充盈的劳动者。对于这样的劳动者，劳动不仅是生存的需要，更是经历幸福人生、完成自我超越、实现社会价值的需要。在奋斗中感受幸福，在奋斗中创造幸福、在奋斗中分享幸福，“奋斗幸福观”所崇尚的幸福，正是这种多重意义的愉悦和享受。

除了抓牢员工积极意识这一关键根本，国有企业还需要营造主人翁意识必需的民主环境，注重以人为本、源头参与，通过“落实三个保障”，营造民主管理氛围，推动员工依法参与决策、管理、监督，行使当家作主权利，充分感受奋斗的幸福。

保障员工知情权。认真落实厂务公开，采取职代会、公开栏、发布会等方式，把厂务公开工作要求融入现代企业制度框架，融入企业日常工作。

保障员工参与权。注重民主管理，落实职工大会或职工代表大会制度，形成党委统一领导、行政主体运作、纪委监督检查、工会组织协调、员工广泛参与的规范化工作格局，组织员工参与企业决策、管理，尊重、支持和保证员工民主权利行使。

保障员工监督权。定期组织职工代表开展调研和巡视，了解企业实际情况和员工需求；把企业改革改制、薪酬分配、福利政策等关键性工作置于员工群众监督之下，提高员工群众参与度和企业决策透明度。

“幸福配方”第二味：“贴心人”关爱

一提到员工关爱，大家可能会想起节假日走访、冬天送温暖、夏天送清凉等活动。这种应景式关爱耳熟能详，有时甚至更像是在走形式，因此最终效果可想而知。企业应该根据员工的需求，精心策划关爱方案，做到从内心上走近员工、尊重员工，从行动上做好细节，将关爱送到员工心里。

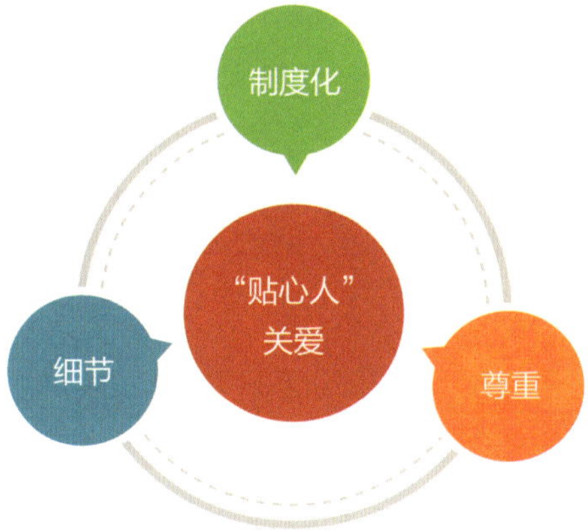

1. 尊重是关爱员工的前提和基础

尊重如同春风化雨，润物无声，可以让员工更好地感受到自己在企业中的存在感和重要性，满足员工的社会心理需要。一些充满尊重感和人情味的仪式必不可少，比如在有些国企中推行的入职礼、拜师礼、成长礼、荣退礼“四礼”活动。在员工职业生涯的告别阶段，举办一场热烈隆重的退休员工“荣退礼”，老员工们回顾往昔，谈一谈几十年来的工作感受，公司领导送上一段祝福的暖心话，赠送一本精心制作的《感谢有您》纪念册，不仅让退休员工充分感受到企业对自身和工作价值的尊重，也能让观礼者受到震撼，进而联想到自己的未来，激励自己在工作中不断进取。这种企业自然流露的尊重不仅增强了员工对企业文化的认同，更构建起了浓厚的人文关怀氛围。

2. 细节是关爱的最佳落脚点

要从解决员工日常工作生活中最关心、最直接、最现实的小事入手，在细节上主动考虑员工需求。例如，为回家路途较远、时间紧张的哺乳期女员工在办公区域内设立“妈妈小屋”，方便家人带着孩子到公司哺乳；在各级健康食堂设立净菜销售点，员工可以在下班后到健康食堂自助购买净菜，节省去超市购物的时间。这些关心关爱的举措从细微之处渗透进来，反而更能打动员工的内心，企业和员工的关系自然而然就会和谐交融。

3. 制度化才能让关爱维持更长久

把关爱行动固化成制度，让关心关爱的行为在企业内代代相传，就会在员工内心打下对企业忠诚和归属的烙印。例如，国网潍坊供电公司多年来坚持开展的员工“三必访、三必贺”制度。员工生日的时候，会送上精美的生日蛋糕；结婚时会收到鲜花与贺礼；在员工生病住院、退休离岗、家庭困难或者家庭发生突发性变故时上门走访慰问；每年企业还会登门看望参与扶贫、援疆援藏干部员工家属。一个蛋糕、一捧鲜花的价值也许不高，却让员工在不同时刻、不同处境都能随时随地感受到企业的关怀关爱。

“幸福配方”第三味：“成就感”获取

纯粹的物质激励虽然实惠，但时效短，从长期来看，并不能充分激发员工的内生动力，精神层面的激励则能起到很好的补充、支撑作用。国有企业工会应结合实际，从物质和精神两个层面用力，提升员工的成就感、获得感。物质层面可以开展各种竞赛，设立相应的奖金和奖品进行激励；精神层面可以尝试从榜样引领、行为示范、活动激发3个方面入手，在物质激励的基础上进一步完善荣誉奖励体系建设。

劳动竞赛。定期组织各种劳动和技能竞赛、“五小创新”等群众性活动，通过明确竞赛等级、配发相应的奖金、奖品等物质奖励形式，激励员工积极参与本职岗位的技术改进，用自己的能力来赢得丰厚的物质

奖品，促进岗位生产效率的提升。

先进评选。选树各个层级的劳动模范、劳动能手、创新标兵、能工巧匠。他们来自平凡岗位，却凭借精益求精的工匠精神、埋头苦干的奋斗精神，日积月累，把平凡的工作变为不平凡的业绩。这些典型引领，让周围的群众心里有“相信”，眼中有光彩，在通往幸福的路上奋斗拼搏。

行为示范。成立以劳模、标兵或先进团队命名的创新工作室、创新班组或大师工作法，进一步激发他们的创造力和荣誉感，引导他们在更高的平台上有更大的作为。

活动激发。设立工会活动积极分子、文艺达人、运动健将等荣誉称号，鼓励员工在集体活动中的自信心和积极性，让他们以更大的热情支持、参与工会活动；同时积极培育、发挥个人特长，在各项活动中起到组织者、引路人作用，带动更多员工参与工会活动，以更加饱满的激情投身工作创造价值。

“幸福配方”第四味：“嘉年华”活动

美好生活必须提供丰富的精神食粮，国企员工的“幸福配方”中，群众性的文体活动必不可少。文体活动作为员工文化的重要承载，也发挥着巨大的作用。只有将文体活动搞好，才能让幸福配方活起来。

文体活动看似简单，但是想办好并不简单。文体活动要在活动中凝聚员工、团结员工，在活动中开展团队建设。如果活动不对路、不对味，工会人员疲于应付，那么最终结果就是出力不讨好，群众一片抱怨。

要搞好文体活动，可以采取“工会总牵头、协会是支撑、全年有计划、全体总动员”的文体活动组织法。

工会总牵头：工会要顺应时代要求、转变角色定位，从大包大揽的组织方，变成文体活动发包方。

协会是支撑：成立系列文体协会，牵头开展各类文体活动，满足员工多元化需求。每年的体育项目联赛和文艺活动由协会分头组织承办，工会从会费中划拨款项，为各个协会活动提供奖品和场地支持。

全年有计划：工会从烦琐的活动组织中解脱出来，每年根据每个协会提报的计划系统规划全年的文体活动。

全体总动员：以文体协会带动全民参与健身、娱乐活动，实现文体活动的多样化、常态化运作，培养具有健康体魄、健康心理的员工。

文体活动要有一个“嘉年华”式的盛会，如晚会、运动会、企业文化节等。对内，员工每年翘首以盼，是凝聚人心的重头戏；对外，是企业文化的重要载体，是对外形象的亮丽名片。

在一个企业内，没有什么比一场综合性运动会更能酣畅淋漓地展现这个企业的“精气神”。2020年9月上映的电影《夺冠》让中国女排重回国人视线，影片再现了中国人难以忘记的那一幕：1981年，通过电视和收音机收到中国女排首次夺得世界冠军的消息后，在首都北京，人们涌向天安门广场，高呼“中国万岁，女排万岁……”在那个时刻，排球不再是一项体育运动，而是一种中国精神的展现。企业运动会同样如此，不仅能锻炼员工的体魄，还能增强员工的凝聚力和向心力，展现企业昂扬向上的精神。

行之有效

贴心关爱案例——“四礼”，让职业生涯充满仪式感

为深化企业文化建设，做到尊重员工、尊重劳动，国网潍坊供电公司开展了“四礼”活动，强化了员工在入职、成长、拜师、退休等职业生涯发展重要阶段的仪式感。

入职礼，就是每年新员工的入职见面会。内容包括：介绍公司情况、青年员工职业发展培养情况，组织部宣读国家电网公司员工守则，党建部介绍与新员工入职息息相关的群团工作，新员工入职宣誓，公司领导向新员工赠送“入职礼包”及入职寄语。

拜师礼，就是每届新入职员工的总结考评会。内容包括：组织部宣读上年度拜师出徒情况，以每个师傅和徒弟的基本信息为重点；举行拜师仪式，新员工集体向师傅们递拜师帖，敬茶行礼，师傅们接茶喝茶，现场回赠安全帽、传承纪念品等作为礼物，最后签订师徒合同。

成长礼，就是进步表彰仪式。一般与拜师礼、劳模宣讲会、“五四”纪念大会、新提拔干部集体谈话等结合开展，发放成长进阶纪念牌，采取访谈等形式，分享成长经历、感恩关怀帮助、宣传先进事迹。

荣退礼，就是光荣退休仪式。荣退礼一般分为“岁月、奉献、传承、祝福”4个篇章，“岁月”环节，每名退休员工回忆职业生涯，退休代表寄语公司和青年发展；“奉献”环节，青年员工代表通过朗诵形式，向退休员工表达敬意和继承优秀传统的决心；“传承”环节，退休员工所在部门负责人和其徒弟分享工作中的点滴；“祝福”环节，公司领导向老员工赠送《感谢有您》纪念册等荣退纪念品。

案例评析

管理最难的是人心，而润物无声的文化影响正是员工队伍素质提升的必由之路。"四礼"关注员工职业生涯关键时段和关键节点，设计符合电网实际的企业礼仪，能够有效提升员工在职业发展各阶段的自豪感、使命感、成就感和归属感，并形成深刻的集体文化记忆，进而激发其立足岗位、建功立业的内生动力，最终汇聚成推动企业发展的强大动力。

活动开展案例——潍坊供电企业运动会

在国网潍坊供电公司，每两年召开一次的运动会让所有人翘首以待。

每届运动会都有一个鲜明的主题，例如2019年的运动会，为庆祝中华人民共和国成立70周年，这场盛会被确定在10月召开，主题就是"我与祖国共奋进"。为了凸显主题，组委会对运动会开幕式和闭幕式进行了精心设计，全面展现了"我与祖国共奋进"的丰富内涵。

运动会前几个月，各个基层单位就开始动员员工报名，组织大家发挥创意，对入场方队的队形、服装、道具进行设计，每个队员还要在工作之余参加体能训练、团队阵列排练，密集的安排不仅让员工之间增加了深入交流的机会，还让不同项目的竞

赛团队在最短时间固化成一个个充满爆发力和凝聚力的小团体。

精心的筹备和持久的期待让运动会变成了企业全体员工的狂欢节和联欢会。比赛当天，大家穿上运动服，走出车间班组，齐聚在宽阔的看台上，为自己熟悉的同事摇旗呐喊、加油助威。看到一个个方队在乐曲声中精神抖擞地手持花束、标语牌走进赛场，整齐划一的步伐和口号让每一个在场的人热血沸腾。随着五星红旗的冉冉升起，嘹亮的国歌声响彻全场，所有人的内心同频共振，充分起到了教育员工、振奋精神的作用。

运动会不仅是大团圆聚会，还是企业精神的展示会。除了传统比赛项目，该公司还精心设计了各类趣味项目，其中一个重头戏是干群8×50米接力赛，要求每组必须有公司级干部和若干中层干部、员工参加，让干部和员工有机会打成一片，尤其是公司领导亲自参赛跑一棒，为员工树立了身体力行的标杆。

一文一武，张弛有道。运动会隔年一次，与之轮流交叉举办大合唱、文艺演出等大型文艺活动。通过员工自发参与、自编自演的形式，既能生动地将企业精神传递出去，还能让大家在会后不断回味、期待下次盛会的来临。例如，在公司成立100周年时，举办了“逐梦百年”主题报告会，通过“初心·使命”“守正·担当”“成长·追梦”3个篇章，以情景剧、访谈、朗诵、讲述、小品、相声等形式，重温了100年来各个时期激情燃烧、民族觉醒的峥嵘岁月，让在场的每个人都充分感受到了公司员工的精神风貌和幸福生活，在不知不觉中提振了企业的精气神。

案例评析

开展健康向上、特色鲜明、形式多样的群众性文体活动，不仅活跃员工业余生活、满足精神需求，还可以使活动中激发出来的正能量转化成工作中强劲的精神动力，让广大员工更加热爱企业，从而达到共建和谐企业的目的。如何使活动既有吸引力又有成效，国网潍坊供电公司运动会的组织方式可以借鉴，从主题选择、人员组织到活动安排，各个阶段的设计与筹备工作，都体现了管理智慧与创新思维。

青年员工是企业的未来和希望。只有队伍里始终洋溢着充满奋斗精神的青春激情，始终流淌着与时俱进、锐意改革的青春血液，企业才会更有活力和战斗力。建立有效的激励约束机制，解决好“佛系”和“躺平”问题，激发活力，激励青年员工与企业共同成长，是党建价值实现的重要内容。

第十讲

无活力不青春

本讲导读

价值点

- 让青春在奋斗中闪光

路径 →

着眼点

- 带思想，培育理想信念
- 带队伍，提升青年素质
- 带活动，激发青年活力

落实 ↓

发力点

- 实施青马工程：培养青年马克思主义者
- 搭建活力空间：让青年动起来

← 价值

误区与问题

对集体活动“不感冒”、不参与

存在“佛系”和“躺平”现象

谋之有道

价值分析

在全球化、信息化的大时代背景下，不同文化与思潮交融激荡，各种思想、各种力量都会去影响青年，“争夺”青年。为青年工作赋能，让青年“活起来”“动起来”，引导和组织青年在企业中心工作中找准自身的切入点和结合点，这是国有企业青年工作的目标。国有企业团青工作必须自觉适应青年思想变化，才能肩负起党联系青年的桥梁纽带重任。

问题与对策

青年本应是最具活力的人群，但受多元思潮影响，一些青年出现了活力不足的情况。具体表现为：政治上不坚定，理想信念缺失，找不到价值定位，导致没有追求、得过且过；生活上懒散，“深宅”，沉迷于自己的世界，对社会、集体生活负能量较多，对成长和发展没有信心。

从青年一方分析，有其家庭环境、学校教育等方面的原因；从企

业一方分析，团青工作与党的要求、企业需求、青年诉求相比，存在一些跟不上、不适应的问题。必须从多方面入手，采取相应的对策解决问题。

党建带团建，是改革开放以来在基层组织建设实践中探索总结出来的成功经验，也是新时代进一步做好党的青年工作、巩固党的青年群众基础的有效做法。党建带团建，核心在“党”，根本在“建”，关键在“带”。要从思想、队伍和活动三方面着手，激发青年活力。

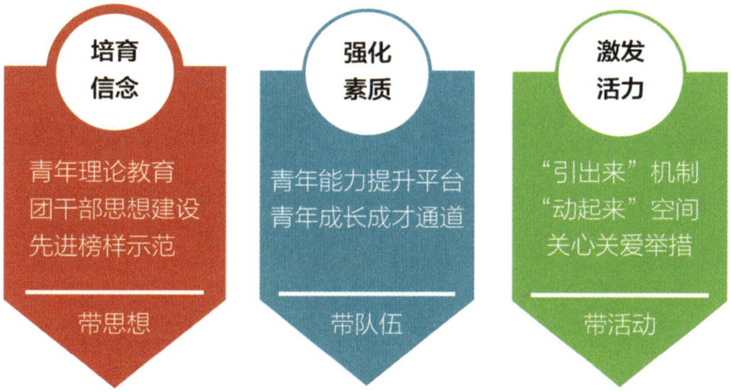

带思想，培育理想信念

党建带团建首先要扎好思想之根，具体说来，就是要强化理想信念教育武装青年，厚植爱党爱国爱企情怀，凝聚青年。

一是坚持对青年进行党的理论教育。定期组织学习活动，创新运用各种学习平台，引导团员主动学、深入学、随时学，解决好世界观、人生观、价值观这个“总开关”问题。

二是注重加强团干部思想建设。通过召开团干部座谈会、举办干部培训班及列席党组织会议等多种方式，使团干部经常性地接受思想洗礼，引导其不断坚定理想信念、提高工作能力、锤炼优良作风，解决好团干部这个“领军人”问题。

三是充分发挥先进示范作用。积极宣传正面典型，把党组织的政治主张转化为团员易于接受的工作理念，帮助广大团员对标先进榜样，校正思想偏差，端正价值追求，解决好信仰信念这个“指南针”问题。

带队伍，强化青年素质

现代企业竞争的焦点已经从资源的竞争转为人才的竞争，而青年又是人才队伍的最鲜活力量。因此，国企必须把青年人的培养作为队伍建设的关键，建设一支适应企业发展需要的一流人才队伍。

一是做强青年能力提升平台。组建重点难点生产任务青年突击队，打造青年志愿者服务品牌，评选岗位争先创优青年文明号等，不断壮大“青”字号品牌活动声势，培养青年的创新意识、竞争意识、效率意识和服务意识，提升综合能力素质。

二是做优青年成长成才通道。积极搭建管理层和青年沟通交流平台，及时传递青年群体诉求，解答青年关注的职业发展问题，推动形成以能力定义、能力评价、能力加速、能力迭代为全闭环周期的人才发展体系，为青年成长成才创造良好环境。组织开展“传帮带”“最佳实践分享”等活动，帮助新员工快速成长，为企业发展注入生机与活力。

带活动，激发青年活力

企业团组织要做实青年关心关爱举措，组织丰富多彩的活动，激发青年干事创业热情。

一是建立“引出来”的机制。首先要有操作性，要想吸引青年参与活动，就要特别注意其操作性，简约易行，不能使其成为青年们的负担。其次要有先进性，跟得上时代，用亮眼之处将青年吸引过来。

二是营造“动起来”的空间。营造激发活力的空间，让青年有展示风采、建功立业的舞台。空间既是一个激发活力的孵化器，又是一个实现青年同台竞技的综合竞技场，青年在同一个舞台上展现自我、彼此学习和激励，能够增强青年员工价值创造的荣誉感和获得感，让青年员工切身体会到“幸福是奋斗出来的”这个真理，最终达到提升队伍、发展企业的目标。

三是做实青年关心关爱举措。打造温馨职工之家，推进单身青年小食堂、小浴室、小休息室、小活动室、小书屋“五小”暖心工程建设，提升青年满意度，增强团队凝聚力。组织丰富多彩的沙龙、讲座、体育、娱乐、公益等活动，帮助青年改善在工作、生活、家庭、人际交往等方面的问题，激发干事创业热情。

企业团组织要把党的关怀送到青年中去，千方百计为青年排忧解难，成为广大青年遇到困难时想得起、找得到、靠得住的力量，让青年在企业改革发展过程中增强归属感、认同感、获得感。

参之有据

青马工程：培养青年马克思主义者

青马工程是青年马克思主义者培养工程的简称。2007年，团中央在相关部委的支持下，启动实施了青马工程，旨在为党培养信仰坚定、能力突出、素质优良、作风过硬的青年政治骨干。

为引导广大青年增进对党的政治认同、思想认同和情感认同，实现全员综合素质特别是政治素质提升，国有企业应该全面实施“青马工程”，在更加广泛的范围内培养青年人才。

1. 广泛培养

青年大学习。将青年大学习作为广大青年深入学习、研究、宣传马克思主义思想的重要载体，充分结合团组织的“三会两制一课”，持续开展马克思列宁主义、毛泽东思想和中国特色社会主义理论体系，特别是习近平新时代中国特色社会主义思想等内容的学习研讨。为青年自主学习提供良好的氛围和平台，提供线上和线下学习资源，各团支部结合工作安排组织团员青年进行集中学习或自主学习。

青年大宣讲。广泛开展青年大宣讲，鼓励青年讲师采用“青言青语”、身边案例解读马克思主义世界观、国家政策、企业战略。采用讲述红色故事、推荐经典名著、导览本土红色教育基地等形式，引领青年重温党史国史，感受革命精神，体悟奋斗真理。邀请系统内外高级别的讲师、教授为青年员工开设讲座，利用公司视频会议系统或在线直播方式，广泛宣传党的理论。

青年大实践。强化岗位锻炼，依托青年突击队、青年文明号、青年安全生产示范岗等队伍，打造青字号岗位实践矩阵，引导青年立足岗位，积极投身企业发展。广泛开展实践活动，引导青年积极参与各类实践活动或志愿服务，以实际行动践行企业宗旨，增强为民服务能力，提升社会责任感和道德素养。

2. 选拔储备

立足培养政治骨干目标，建立逐级向上推荐学员机制，学员候选人由党支部结合民主推荐、绩效等级等多维度综合考察，选拔产生年度青马工程学员，对学员开展为期1年的培训。

理论研学与课程研发相结合。结合学员自身素质与专业优势，对学员进行“互补式”分组管理，确保各组兼具讲师、岗位能手、创新达人等角色分配。各小组以月度为单位自行组织专题研学，读原著、学原文、悟原理，并确定至少一个重点研究方向，将研究成果转化为“青马”精品课程，以青年视角把大道理转化为小故事，把深理论转化为大白话，做到理论扎实、生动活泼、实用实效。

交流研讨与基层宣讲相结合。设立青马夜校，以季度为单位组织学员在研读原著、深入思考的基础上，分享学习体会，以说课和试讲的方式交流各组研究成果，在思想碰撞中不断完善课程。定期组织学员深入基层、走进青年，进行面对面宣讲，将各组研究成果分享给基层广大团员青年，促使学员进一步增进对课程的理解和认识，并在宣讲实践中不断提升讲授能力与沟通能力，最终实现每名学员都上得了台、讲得好课。

集中实践与岗位锻炼相结合。以主题团日为载体组织集中实践，坚持一月一主题，各组轮流坐庄牵头策划“青马实践主题团日”，经审核通过后组织实施，在集中实践的同时增强学员组织策划、沟通协调能力。根据工作实际和优秀青年培养需要，鼓励学员在基层一线、复杂艰苦环境、重点任务攻坚中进行岗位实践锻炼，不断提升专业素质、增强担当意识。

示范带动与结对辅导相结合。鼓励学员深入联系基层团支部，参加联系点的组织生活，分享理论学习心得感悟，起到良好的示范带动作用。结合公司人才培养需求，选聘公司系统各领域先进模范担任学员的成长导师，对学员进行结对辅导，解决在学习、工作、生活方面遇到的困难和问题，帮助学员提高专业能力，助力其全面发展。

3. 考评与应用

建立学员培养档案，在培养周期内，对青马工程学员采取“培养任务”打卡评价、“第一家长”日常评价、“结业汇报”年度评价相结合的综合考评模式，实时更新学员培养情况与考评情况，根据综合考评成绩择优向上级推报，对综合考评结果中末位10%予以淘汰。

“培养任务”打卡评价。设定年度培养任务，包括开发一门理论培训课程、深入基层开展一次宣讲、主要参与一项创新成果研发、主笔撰写一份课题研究报告、组织一次志愿服务实践活动、参加一次上挂下派工作、联系一个基层团支部等，要求学员在学期内自选完成其中至少3项任务，形成学员日常自制格局。

“第一家长”日常评价。健全日常评价机制，充分发挥学员所在基层党团网格“第一家长”职责，以季度为单位提交学员考核报告，定期反馈学员组织生活、理论学习、创新创效等日常综合表现，常态化监督指导学员学习、研究、传播、践行马克思主义，引导学员立足岗位充分发挥示范引领效应。

“结业汇报”年度评价。培养周期结束后，集中开展公司青马工程结业汇报展示会，以展评的方式组织学员对培养成果进行“结业汇报”，邀请相关专业人员担任评委，依次对学员进行评价打分。将“结业汇报”评价成绩作为学员综合评价结果的重要部分。

活力空间：让青年动起来

习近平总书记曾经给北京大学援鄂医疗队全体“90后”党员回信，盛赞“新时代的中国青年是好样的，是堪当大任的”。事实证明，新时代的中国青年讲大局、有担当，关键是党组织和团组织如何找到有效载体，发挥好“发令枪”“冲锋号”作用，把青年培养成有理想、有本领、有担当、想干事、能吃苦、肯奋斗的强大生力军。

要让青年员工走出来、动起来，创造一个能让他们自在活跃的空间至关重要。依据青年求知欲强、精力旺盛、思维活跃的特点，可以为青年员工搭建学习空间、创客空间、动力空间和融媒体空间等。

1. 学习空间：用更有趣的方式学习

永葆学习的活力和热情，是广大青年坚持正确政治方向，保持旺盛战斗力、创造力的前提。学习空间的目的，就是要让高大上的理论宣讲以新鲜生动的方式融入青年员工的日常工作生活中，让学习变成竞争，让提升变成需求。

进行价值观植入和文化理念渗透，是以党的思想指引青年前进方向的有效途径。如何让青年人理解并接受呢？诺贝尔物理学奖获得者理查德·费曼曾经提出一个卓有成效的学习法，被称为费曼学习法，其中的一个关键步骤就是“以教促学”，即向别人讲述你学习的内容。鼓励年轻人制作相应课程并进行讲述是一个行之有效的方法。

为更好地管理学习空间，可以建立培训授课、课程开发、自主学习、集中学习、竞赛调考5个评价项目，把学习强国、网络大学、团青主题学习、培训授课宣讲等活动作为参与获得积分的评价内容，并根据重要、难易程度赋予分值，从而把青年学习提升过程和成效贡献变得可比较、可量化。

2. 创客空间：激励青年创新创效

青年工作对青年的吸引力、凝聚力取决于服务青年的力度和水平。一项工作具备价值与否，他们往往用是否能够提升自身综合素质和能力，是否得到他人尊重和认可作为评价依据。创客空间的作用，就是以服务公司中心和重点工作为核心，当好一个激励青年创新创效的孵化器，并通过创新平台建设、创新机制建设、创新力量培养等，为青年创新加热助力，从而实现青年以自身成长为职业生涯增能量和以创新创效为强国强企添动力的良性互动。

栽下梧桐树，引来金凤凰。创客空间提供了丰富的积分项目供青年选择，低分值积分项目可以降低创新门槛，吸引参与者，形成人人都可创新的良好态势。高分值积分项目可以实现精准激励，让创新工作的目标导向性更明显。

以国家电网公司为例，企业共青团组织积极服务公司创新驱动发展战略，持之以恒抓好青年创新工作，激发青年创新创效热情，依托800余个青年创新工作室、1.2万个柔性创新团队和创客联盟，聘请1000余名内外部专家对青年进行技术培训和创新辅导，举办青年创新创业训练营，为青年创新给政策、建机制、搭平台，为青年创新攻关厚植沃土。鼓励青年投身“新跨越行动计划”，连续举办6届青年创新创意大赛，吸引30万名青年、2.9万支青创团队踊跃参与，培育了3.3万个创新项目，孵化转化了2202项创新成果，有效解决了一批生产经营实际问题，有力推动了公司创新发展，累计获得国家科学技术奖85项，专利申请量和累计拥有量连续10年排名央企第一。

3. 动力空间：培育青春建功的先行者

动力空间是团青工作领域的活动，主要包括体现青年活力和朝气的体育运动项目、文化艺术活动等，可以说是最能呈现青年活力状态的空间。它的评价内容更细化、更具有目标导向性，旨在改善青年员工对集体活动“爱不起来”的状况，从而把“额外负担”变成“主动追求”。

动力空间的目标，就是要搭建起青年个人争先奉献与集体发展壮大之间的桥梁，为青年员工培育一片根植建功梦想，不断迸发活力的成长土壤，让青年把个体的奋斗汇聚成一股推动企业发展的巨大动力。

动力空间的主要目标是团青工作领域的活动，尤其是体现青年活力和朝气的体育运动项目、文化艺术活动等，可以说是最能呈现青年活力状态的空间。它的评价内容更细化、更具有目标导向性，旨在改善青年员工们对集体活动“爱不起来”的状况，把“额外负担”变成“主动追求”。

找准服务大局的切入点、结合点、着力点，找准在新时代发挥青年生力军和突击队作用的新领域，为青年打造青春建功、彰显价值的阵地，紧跟时代步伐，通过建功行动把青年活力转化成奉献企业、奉献时代的青春动力，建设动力空间是一种卓有成效的实践。

4. 融媒体空间：培育价值主旋律的传唱者

当前，存在着很多对青年人的负面评价，比如，现在的青年人“太自我”“国家民族意识淡薄”“听不进去道理”等。实际上，不同时代造就了不同时代的青年特质，主流意识形态同青年价值观之间的关系是引领而不是批判，是对话而不是责骂，是寻求共识而不是诋毁压制。转变身份角色，减少枯燥的说教，发挥青年人的年龄优势、知识优势和思想优势，让他们为主流价值观发声，让主旋律融入青年的工作生活中，是融媒体空间的价值所在。

融媒体空间更多地考虑到在分众传播时代，把青年群体纳入企业主流价值观宣传的阵营。设置媒体投稿、新闻线索、新闻工作方法创新等积分评价项目，把青年通过行业内外各级媒体自行发稿、提供新闻线索协助发稿、提供创新的可行的新闻工作方法等活动纳入积分范畴，鼓励青年员工把工作现场当作新闻现场，以身边的事例实现新闻动态秒传，从而人人都能当“新闻人”，让青年传播党的声音，宣传企业的形象。

2019年“利奇马”台风登陆潍坊，潍坊供电系统周末无休，全员在岗。一名在基层供电所工作的青年员工目睹了一个感人的小细节，有一位女员工夫妻俩都是供电员工，孩子父亲奋战在抗击“利其马”一线，她在供电所值班，孩子无人看护，就带到了办公室写作业。这名青年员工被一家人同心抗灾的情景感动了，随手拍下了一张照片发给了新闻宣传人员，在新闻宣传人员的指导下，录下了一段孩子给爸爸打电话的视频发到了抖音，获得了大量点赞。后来，这篇报道被《潍坊日报》、潍坊新闻网采用，他也因为拍摄、录制的照片视频获取了10个积分，成为当月融媒体达人。这种门槛低、灵活度高、传播迅速的宣传方式，让很多青年员工体会到了参与公司形象宣传的乐趣和收获，自动自发地成了价值主旋律的传唱者。

行之有效

活力空间管理案例——国网潍坊供电公司青年“活力指数”管理

国网潍坊供电公司受鲶鱼效应的启发，引入“活力指数”的概念，并把它比作一条兴风作浪的鲶鱼，它的使命，就是用尽各种手段，让沙丁鱼动起来，并及时让沙丁鱼尝到“动起来”的好处。

活力指数以积分制的管理模式，把青年员工参与学习提升、创新创效、媒体宣传、青春建功等活动的参与度、活跃度、贡献度进行量化，凸显工作的目标性、导向性，从而触动青年心灵，提升青春活力，催生创造动力，让青年成长与企业发展同频共振。

活力指数的实施和呈现过程，体现为以下3个环节。

量化评价体系的搭建。评价体系把市、县公司35周岁及以下青年员工全部纳入，依托“四维活力空间”活动，分综合积分和专业积分两个统计口径，由各牵头部门分别制定评价内容与评价标准，形成综合量化评价体系。各空间的活力指数积分不设门槛和上限，鼓励青年员工根据自身能力和成长意愿自主选择参与各空间活动，既可在擅长的空间术业专攻，也可在多个空间多点发力。

量化评价过程的管控。依托智慧党建平台，开发应用青年员工活力积分模块，可以实现线上申报、审核、晾晒管理及发布、分类统计，为后期对活力不足的青年“对症下药”提供大数据支撑。根据积分的动态统计，针对不愿意动的、游得慢的“沙丁鱼”，各自部门加强督促指导，以改善活力现状。

评价结果的应用。“活力指数”以年度为单位，根据量化评价结果进行公示，遵循压力促进与动力激发相结合的原则，将评价结果进行综合应用和专业应用。年度综合活力指数设50分达标值，积分情况作为青年员工岗位晋升、评先树优、推优入党、绩效等级评定的参考依据。同时，各空间呈现的青年活力指数峰、谷分布，能够直观反映该空间专项人才的吸纳情况，为各专业选拔吸纳人才提供参考依据。年度各专业空间活力指数排名前十的青年员工，能够以专业达人身份获得下一年度的优先送培等成长激励。

从“活力指数”工作的成效分析报告来看，在运行1年的时间里，青年员工活力指数直线攀升，活动参与率由26%提升到100%，活力指数平均值由35分提升到56分。青年员工的活力被逐步引导到服务党和国家大局、服务企业发展大局的轨道上来。以思想引领提升干部员工队伍素质，以创新创效催生企业发展动力，以主题传播提升企业争先发展形象，以青春建功激发全员干事创业激情。青年员工的活力，在企业发展的各个领域、各个环节发挥着显著作用。

案例评析

“鲶鱼效应”里的鲶鱼通常代表有新鲜的思维和方式的管理者，或者新加入的竞争者。但是，换一个角度，如果鲶鱼代表着让青年员工兴奋和关注的激励机制，让青年员工体验除了本职工作之外更丰富的活动内容，感受到额外付出后所获得的成就，这条“鲶鱼”的意义，同样重大。这条“鲶鱼”的关键，是要能够发现青年员工的偏好，进行精准匹配和精准激励，找到恰当的活动内容，让青年员工产生“努力游动”的动力与激情。国网潍坊供电“青年员工活力指数”的成功实践，为提升团青工作价值创造力探索了一条可复制、可推广的实践路径，也为国有企业激发青年活力、发挥青年作用、培养青年人才、创新性开展青年工作提供了有效借鉴。

志愿服务是现代社会文明进步的重要标志。党的十九大报告提出，要加强思想道德建设，推进诚信建设和志愿服务制度化，强化社会责任意识、规则意识、奉献意识。参与志愿服务事业，促进社会文明与进步，是国有企业不可推卸的社会责任，也是构建和谐社会的重要内容。

第十一讲

志愿是一种生活

本讲导读

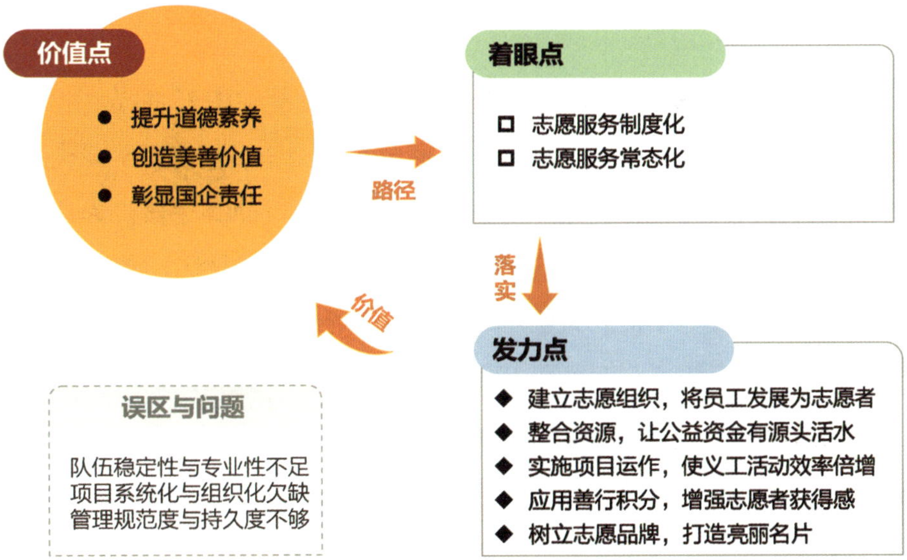

谋之有道

价值分析

志愿服务的领域，往往在政府与市场不能覆盖的地方，以社会的第三方力量，弥补“看得见的手”与“看不见的手”未能顾及之处。由政府、市场和社会组成的三角形是最稳定的管理结构。国企参与志愿服务，能够有效助推国家治理体系和治理能力现代化，同时对企业和员工本身也具有重要意义。

志愿服务是一种良好的生活方式。社会发展的终极意义，是人的幸福。国企员工基本的物质需求已经得到满足。参与志愿服务，积极帮助弱势群体，是获得心理充实与快乐、达到精神和谐与社会和谐的有效途径，是个人可以选择的幸福模式。

志愿服务是一种公民养成方式。现代公民的养成需要进行充分的训练，以行动完成个体人格的重塑。志愿服务为国企员工提供了现代公民角色扮演与实践的机会，是一种有效的公民养成及训练手段。因其扶危济困的公益性、自主自发的志愿性、面临问题的复杂性，参与志愿服务，有利于国企员工提升文明水平，提升工作责任心与奉献意识，提升组织、协调、沟通能力，丰富人生阅历和体验。

志愿服务是一张闪亮的国企名片。只有富有爱心的财富才是真正有意义的财富，只有积极承担社会责任的企业才是最有竞争力和生命力的企业。履行社会责任对于企业可持续发展具有重要意义。推行志愿服务既能彰显国企责任，又有利于优化营商环境，塑造企业良好的形象。

问题与对策

近年来，我国志愿服务发展迅速，国企员工志愿服务参与意识不断增强，参与人数、涉及范围不断扩展。但由员工个体自发参与的志愿服务容易遇到因资源不足或能力欠缺而使志愿服务难以为继的情况。主要表现为：志愿队伍稳定性与专业性不足，志愿项目系统化与组织化欠缺，志愿管理规范度与持久度不够。

国有企业有着强大的党政工团组织和政治传统，有着良好的志愿服务基础；国有企业员工文化程度普遍较高，拥有稳定收入，对志愿服务的参与意愿较强，在集合个体公民力量、履行企业公民责任上具有内部优势。在企业外部，国企也可以调用更多的社会资源，组织跨系统、跨区域、跨年代的联动志愿服务，开展具有更深远影响力和更高品质的社会志愿活动。

借助国企的资源与管理优势，能有效打通志愿服务“瓶颈”，解决个体公民自发组织志愿服务中容易出现的“一阵风、一窝蜂”等通病，完成更系统、更持久、品质更高的志愿服务项目，形成志愿服务领头雁效应。

在实际工作中，国有企业可以从组织规范、资源整合、项目运作、管理激励、品牌塑造5个关键方面对志愿服务进行管理，构建“五位一体”志愿服务体系，引导员工成就自己、提升素质、培养大爱情怀，彰显国企社会责任。

规范的组织，可以凝聚志愿者并获得员工信赖；资源的整合，使得服务和资源流向更需要的地方；以项目的方式运作，可以切实提高志愿服务的效率；有效的激励，能给志愿者带来成就感；塑造志愿品牌，可以提高企业美誉度。

延伸阅读

国企参与志愿服务应注意“补位”不“越位”

志愿服务本质上是公民个体自发自愿的行为，志愿者才是志愿活动的主体。企业的作用在于有效地组织人力和统筹资源，而非将其行政化、命令化。企业的行为，只能有助于“奉献、友爱、互助、进步”等志愿精神的发扬，而绝不能越俎代庖，压缩志愿者的自主空间，遏制其主观能动性和服务精神。

企业越位参与志愿服务的弊端有以下几个方面，应尽量避免。

一是官僚主义影响服务效率。有行政参与的志愿服务管理一般相对规范，但如果审批环节过多，管理链条过长，会影响志愿服务的效率。管理环节的确定，应通过志愿者充分参与和探讨，取得规范与效率的平衡，并得到志愿者的认可。

二是企业的参与容易让志愿者产生被动心理和抵触情绪，影响参与热情。在志愿活动的推进过程中，企业需要留出空间，使志愿者不仅能担当活动的参与者、执行者，也能担当活动的策划人、组织者，并调动企业力量参与其中，使志愿者得到充分支持，获得奉献与归属的双重满足。

三是志愿项目的选择需要在企业与志愿者中同时取得价值认同。志愿者选择的项目应符合企业价值取向，企业也需充分尊重志愿者在志愿服务中的价值诉求，避免出现过多因企业需要而开展的形式化、运动化志愿项目，消解志愿服务的价值，消耗志愿者服务热情。

——据国网潍坊供电公司志愿服务经验提炼总结

参之有据

建立志愿组织，将员工发展为志愿者

一个全面覆盖、有序运转并且根植于企业本土的志愿服务组织，具有足够的公信力，把热心公益的企业志愿者凝聚起来，将企业员工数量优势，转化为志愿服务人员数量优势；将企业的业务区域覆盖优势，转化为志愿服务区域覆盖优势，让志愿者找得到组织，并愿意通过这一组织持续传递爱心。

构建组织架构。依托党团组织构建志愿服务组织，进行属地化、网格化管理，基层党团支部可以作为志愿服务的最小管理单元，使志愿服务管理向全产业链延伸，实现志愿服务组织全覆盖。

明确职能管理。成立志愿服务管理团队，对志愿者、公益物资、活动组织策划等分工管理，管理团队从员工志愿者中选拔。管理团队应具备较高的感召力和组织力，并定期换届以保证组织活力。

强化人员管理。根据专业特长和其他特长，明确每一名志愿者的志愿服务方向，形成企业志愿者数据库。在开展不同的志愿服务时，利用数据库迅速实现志愿者与志愿服务项目的精准匹配，充分发挥志愿者特长，达到服务效益最大化。

一个规范的组织，不仅能获得员工的信赖，更能长久地运行，在企业内部形成传承。国网潍坊供电公司的志愿服务就是如此，在多年的实践中形成了规范的组织和传承，在新员工入职培训中都会详细介绍公司志愿服务的发展历程和管理体系，多数年轻员工会选择注册成为志愿服务者，并将志愿活动作为深入了解同事、积极奉献社会的渠道。用他们的话来说，一入职就感受到公司如此浓厚的志愿服务文化和强大的志愿服务平台，这样的“正规军”让人热血沸腾。

整合资源，让公益资金有源头活水

常规的志愿服务，尤其是扶贫开发、弱势关爱、社区服务、环境保护等离不开资金与物质的支持。如果公益基金的使用与开支不够规范和透明，就会严重动摇公众信任，影响捐赠者的捐赠热情。国企参与志愿服务，在公益基金的筹集与监管上，具有更多的资源优势。

1. 搭建“众筹式”募集渠道

建设众筹型公益资金，优化资金募集流程。众筹公益基金以自愿为前提，以聚沙成塔的方式，汇集全体公益人员的力量，培养全体公益人员的捐赠意识，形成统一的价值取向。例如，可以设立“一元爱心汇”众筹公益基金，使“一元钱”的意义远远超越它的数目本身，将“一元钱”转化为日常化、长期化行为，对志愿者形成潜移默化的影响。

2. 汇集“市场型”公益资金

做好公益资金的开源工作，树立经营意识，依托企业资源，发挥志愿者个人才能，向市场“赚取”公益资金。主要方式有设立盈利设施、搭建义卖平台、推广志愿人员“接单”创收等。

设立实体志愿者盈利设施。在企业办公区设立由志愿者经营的志愿者超市，接受员工及亲属对日常生活品预订采购、集中委托购买，主打贴近需求和质优价廉的服务，销售利润全部用于公益开支。

开通网上及线下义卖平台。网上通过志愿服务公众号及网站组织网上义卖募集资金。线下组织志愿服务者到公共场所开展义卖，对捐赠的物品及库存尾货进行底价义卖，义卖款项纳入公益资金池。

推广志愿人员“接单”创收。组织志愿服务者担任发单员、模特礼仪等兼职，并发放企业相关宣讲彩页，在赚取公益资金的同时实现企业宣传；对有书法、绘画、平面设计、手工制作等特长的成员进行系统组织，接受社会化委托制作，开拓外源性公益资金来源。

3. 做好“开放性”资金监管

严格基金使用管理。资金管理实行钱账分离、专款专用。所有申请使用基金的志愿活动，须履行先申请、后批准、再报销的流程。基金管理委员会每年通过适当方式公示基金收支情况。

严格资金审计管理。采用内部审计和外部审计相结合的方式进行资金审计。基金委员会设置审计委员会，审计委员会成员独立于志愿服务组织架构，在志愿服务组织内部进行资金审计工作。定期邀请外部事务所进行委托审计，并将审计结果作为资金使用报告附件内容进行公示，确保公益基金使用规范、透明，提升公益基金的公信力。

实施项目运作，使义工活动效率倍增

志愿服务要实现高效的运行，产生更好的效益，离不开高效的管理。国有企业擅长的项目化运作经验，可以嫁接到大型志愿服务项目中来。志愿服务“项目化”可以避免资源的浪费，实现人尽其才，物尽其用，使资源效益最大化，让企业志愿服务的选择更加丰富、供需更加匹配、组织更为有力、行动更加聚焦。

1. 明确志愿服务项目内容

国有企业志愿服务项目可以划分为专业类和非专业类。国家鼓励和支持具备专业知识、技能的志愿者提供专业志愿服务。多数企事业单位都有明显的行业特征和专业优势，比如供电服务是电力企业的专业领域，义诊服务是医疗系统的强项……专业志愿服务项目可以充分发挥企业志愿者的专业知识和技能，是国有企业的首选。非专业类志愿服务则包括扶贫开发、弱势关爱、社区服务、环境保护、大型会务等常见的志愿服务。

任何一个志愿服务组织的能力和精力都是有限的，企业志愿服务也不可能面面俱到，可结合企业实际确定一个或几个项目重点开展，并根据志愿服务的内容，细化组织服务模式。在项目确立时，要把握3个原则。

坚持长期性原则。单独的活动往往如昙花一现，长期实施的项目方能形成品牌效应，产生“能量聚变”的功效。

坚持人性化原则。项目内容要以志愿者为主体，突出志愿者的善行义举，避免将志愿者当作免费劳动力，从事缺乏价值认同的志愿行为。

坚持社会化原则。志愿服务是践行社会主义核心价值观、参与社会公共治理的重要体现，是展现企业履行社会责任、提升企业形象的有效途径。依靠社会化途径，可放大志愿服务组织和志愿服务项目的社会效应，扩大社会影响力。

2. 精准实施志愿服务项目

志愿服务项目的运作是一项精密工程，如何调配有序，关系到志愿服务项目能否可持续发展和长久存在。通过架设“点、线、面”立体服务结构，可实现志愿服务有效服务到位、覆盖到位。

聚焦到点，实行志愿服务包保体系，分片划区志愿包保，通过就近就地志愿服务，确保志愿服务定位准确，提升志愿服务效率；**互联成线，**建立志愿服务成效反馈机制，及时总结志愿服务成效，总结问题、改进不足，将服务方向理顺，形成思想统一、步调一致的服务格局；**覆盖到面，**整合志愿资源，覆盖社会各领域，确保志愿服务项目成体系、广覆盖、能持续、效果好。

应用善行积分，增强志愿者获得感

对志愿者而言，除了志愿服务过程中自我价值的认同，组织认同也至关重要，即使仅仅一句简单的"我看到你参加志愿服务活动了"，也会让志愿者产生在企业被关注、被肯定的存在感。因此企业需要探索一定的激励手段表达认同，对志愿者表现作出客观评价，促进志愿者主观赋能，提升志愿服务水平。

量化管理是保障评价客观的有效手段，在企业中一般体现为积分管理。志愿服务积分管理，一要科学制定积分标准；二要有效应用评价结果；三要注重积分赋能导向。

科学制定积分标准。志愿服务积分管理可以借鉴企业绩效管理，对不同志愿服务进行多维分类积分，更能客观体现服务的真实价值。一方面，可按志愿服务项目分类，对每一类志愿服务项目所包含的服务内容按照服务时长、难易程度等分别设置一定的积分。另一方面，按志愿者角色及付出分类，对应支撑志愿活动运作的"人"和"物"，也就是管理团队和物资捐助分别积分。

有效应用评价结果。志愿服务积分是评价员工道德素质水平的依据之一，年度志愿服务积分可以作为员工评先树优等工作的重要参考，比如在公司评先树优中，对于同一工作业绩水平层次的备选人，志愿服务积分较高的员工可获得优先权。

注重积分赋能导向。企业对不同的志愿责任给予不同的量化积分，让员工清晰认识到公司对个人道德素质培养导向，会促进员工由观望向参与转变，由参与向策划、组织提升，以主人翁姿态投入更多热情和责任心，在自我赋能的同时，获得企业更多的认可。

树立志愿品牌，打造亮丽名片

优质的品牌是社会精神文化的宝贵财富，能够对大众的思想意识和生活观念产生重要影响。将志愿服务打造成品牌，是一件让参与三方共赢的有益之举。

提升被服务方体验感。国有企业参与的志愿服务，因为其所具备的人、财、物和资源优势，更加有利于将志愿服务规模化、品牌化，让被服务方与社会对其产生更多的信赖，降低供需双方沟通成本，提供覆盖广、品质好、可持续的志愿服务，从而提升各方的服务体验。

提升志愿者归属感。志愿服务需要志愿者持续付出爱心、精力与财物，比之个人自发的志愿服务，品牌化运作、系统化组织的志愿服务更有利于志愿者实现自我认同、相互认同与社会认同。在品牌的感召和团队的相互感染中，个体更愿意参与志愿服务；在面对较大困难时，志愿者能获得更多的心理支持；出于对品牌和团队的归属感，志愿者也会提供更规范、更持久的服务。

提升国有企业美誉度。用志愿服务品牌提升企业美誉度，树立负责任的企业公民形象，不仅能增加企业的无形资产、增强企业的软实力，而且是政府、客户、合作伙伴、消费者等利益相关群体的期盼。

行之有效

志愿服务全流程管理案例——国网潍坊供电公司志愿体系运作方式

国网潍坊供电公司坚持“奉献、友爱、互助、进步”的志愿服务精神，秉承“人民电业为人民”的企业宗旨，打造了“志愿服务三化管控、志愿活动双轨运行、志愿品牌一体推广”的“三二一 · 善小”志愿体系。

一、志愿服务“三化”管控

1. 建体系，实现志愿服务“标准化”

依托共青团建立青年志愿服务组织，明确内部分工，清晰权责划分，形成分级管理、逐级负责、各司其职的管理体系。

设会长1名，由团委书记兼任。按照服务内容及工作职责划分，设立助学部、关爱部、环保部、策划部、宣教部、后勤保障部、基金运管部7部。成立所属县供电公司分会，将青年员工数量优势转化为志愿服务人员数量优势，将企业的业务区域覆盖优势转化为志愿服务区域覆盖优势。

2. 立规矩，实现志愿服务“制度化”

制定《青年志愿服务组织工作章程》，对组织领导、议事章程等进行明确；《青年志愿者注册管理办法》对志愿者注册条件、登记程序、权利义务等进行要求；《公益资金管理办法》对资金募集、使用、监督等全过程进行明确；《志愿服务项目分类积分管理办法》将每一类志愿服务项目所包含的服务内容按照服务时长、难易程度等进行分类，分别确定一定的积分；《青年志愿服务项目化管理办法》《志愿服务协议》等制度，对志愿服务项目进行详细规定，进一步规范管理。各项规章制定实行定期完善制。根据在活动中发现问题或创新举措，经效果验证，对管理制度及时更新。

3. 强管理，实现志愿服务“数据化”

搭建“善小”志愿者平台，统计志愿者兴趣、爱好、特长等信息数据，建立志愿者数据库，分层管理、分类建队，发挥个体优势。

搭建志愿服务项目策划咨询、管理协调、实时操作3层管理架构。建立志愿服务积分数据库，加强积分考核应用。

实行志愿服务积分管理，根据志愿者参与公益活动的贡献度进行激励评价，实现由评先进到算先进的转变，进一步激发志愿者服务热情。

二、志愿活动“双轨”运行

公司精心策划、顶层设计，按照项目化管理模式，从关爱社会和服务社会两个方面确定10项重点行动，实现公益活动的持续化、常态化，确保公益活动服务精准、实施高效。

1. 关爱社会 10 项重点行动

关爱社会行动旨在弘扬“善小常为、善小效大”的服务理念和“温暖他人、快乐自己”的服务宗旨。主要开展以下10项活动：“1+1”助学行动、“圆梦微心愿”行动、爱心希望小学捐助行动、情暖夕阳关爱行动、阳光助残关爱行动、“衣加衣”捐助行动、青年文明号助万家扶贫活动、无偿献血行动、营业厅“善小”服务岗行动、义演送欢乐活动。

2. 服务社会10项重点行动

在服务社会方面发挥行业优势，重点开展10个方面的工作：电力科普护童年活动、公益骑行活动、阳光扶贫活动、文明交通引导活动、电力应急进万家活动、家园安全守护活动、重大活动义务服务、煤改电公益行动、电力惠农公益行动、防外破义务巡线活动。

三、志愿品牌“一体”推广

将“善小”公益品牌进行“三统一”一体推广，统一品牌标识、统一宣传策划、统一品牌概念，形成持续宣传合力，不断提升品牌形象。

1. 统一品牌标志，形成宣传合力

设计“善小”特色品牌标志，制作带有“善小”标志的志愿者马夹、帽子、旗帜和文化用品，统一标志应用。凡“善小”公益组织捐助的实物，均以“善小”标志标明，实现一体化管理，促进品牌建设工作专业化发展。

2. 统一宣传策划，提升品牌形象

从传播策划、导向、议题、策略、手段、组织等多方面入手，对何时宣传、宣传什么、通过什么角度宣传、通过什么平台宣传等问题进行探索。在各类新媒体发布“善小”公益活动事迹，通过网络传播放大

效应，优化传播效果。发掘典型人物，通过先进模范鲜活的事迹，丰富“善小”公益品牌形象及内涵，打造有生命力和影响力的品牌，深化“善小”公益的公众集体记忆。

3. 统一品牌概念，提升社会影响力

突出“善小”公益品牌的整体概念，持续开展主题传播，融入“国家电网”品牌传播工作大局。提升品牌传播层次，争创国家级公益团体管理机构奖项。优化传播形式和传播策略，抓住重大选题和媒体关注，进行有针对性的策划，努力在地方重点工作、重大活动、重要媒体中见到身影、听到声音，综合运用中央电视台、新华社、《人民日报》等媒体平台，积极参选各类先进公益团体评选。

案例评析

党的十九大报告中提出，要推进“志愿服务制度化”，在决胜期作贡献、为复兴期作准备，努力做志愿服务事业的引领者。新时代志愿服务应该是制度化建设的志愿服务，让志愿服务更加规范化、制度化、常态化发展。国网潍坊供电公司通过“志愿服务三化管控、志愿活动双轨运行、志愿品牌一体推广”的“三二一”模式，进一步规范管理过程，有效激发员工参与志愿服务的热情，最终形成良好的志愿服务发展态势，为系统内外志愿服务组织管理提供了有益借鉴。

精准开展志愿项目案例——国网山东省电力公司“善小”敬老志愿服务体系

国有企业退休人员社会化管理后，离退休工作“怎么干、谁来干”

成为亟待解决的问题。国网山东省电力公司构建“善小”敬老志愿服务体系，努力破解管理和服务难题，实现了“让党委放心、让老同志舒心、让在职职工暖心”的目标，为全面做好新时代离退休工作提供了新的思路。

1. 建立组织机构

“善小”敬老志愿服务组织根据各单位实际，建立一支志愿服务团队，由老同志退休前所在部门的联络员、在职职工、老同志互助群体组成，具体负责“善小”志愿服务活动的开展。

2. 明晰体系内容

本体系由“同心、知心、暖心、初心”4个机制组成，4个机制相辅相成、互为补充。借助“善小”志愿者，通过深化“善小·同心”情感

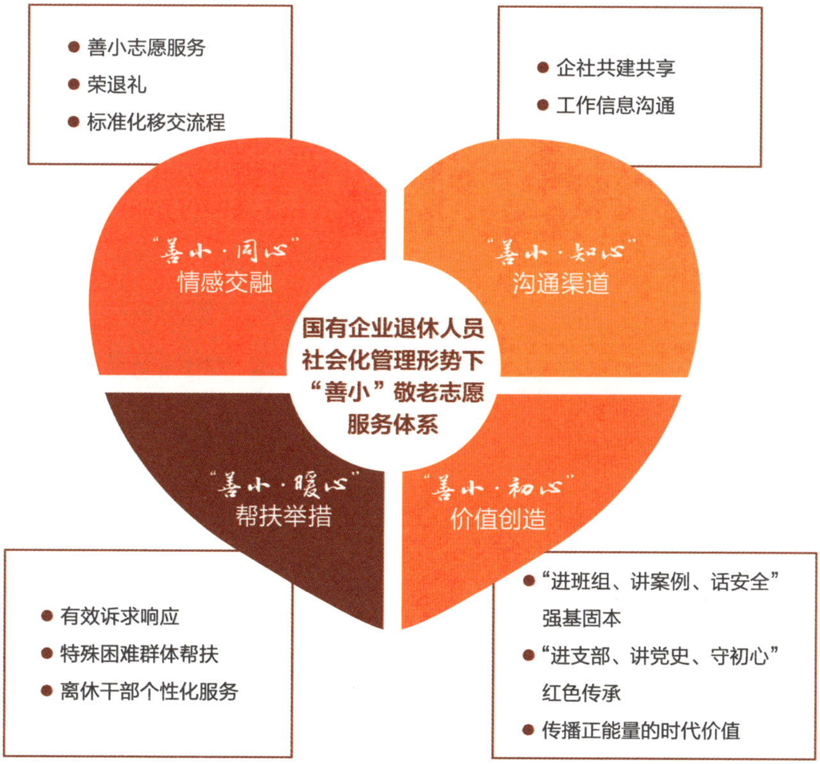

交融，优化“善小·知心”沟通渠道，细化“善小·暖心”帮扶举措，强化“善小·初心”价值创造。把离退休服务与“善小”有机融合，既是对“善小”价值的创新和延伸，也是适应新形势、确保社会化移交平稳过渡的有力支撑，最终形成企业与社区优势互补、资源共享的离退休服务体系。

“善小·同心”：通过“荣退礼”，帮助新退休人员顺利进入人生新阶段；通过标准化退休移交工作流程，与街道社区有序衔接、平稳过渡，确保老同志快速融入社区生活。

“善小·知心”：企业与社区共建共享，明确共建内容、方式，帮助社区提升退休人员社会化管理服务能力。定期编发《工作简报》，让老同志了解企业发展动态和有关政策，增强老同志对社会化管理和公司工作的认同，倾力打造社会化移交后的服务新模式。

“善小·暖心”：通过建立有效响应诉求服务、困难群体帮扶和离休干部“一人一策”个性化服务体系，为老同志安度晚年提供支撑。对内形成青老结对帮扶新常态，对外加大社会参与，更好地满足差异化、优质化救助需求。

“善小·初心”：老同志拥有独特的政治优势、经验优势、威望优势，注重挖掘老同志的自身价值和参与热情，整合资源、搭建平台，引导老同志关心企业、服务社会，进一步提升价值感和获得感。通过“进班组、讲案例、话安全”“进支部、讲党史、守初心”等活动，传播正能量，引导老同志发挥余热作贡献、老有所为当先锋，实现薪火相传、初心传承。

3. 做好保障措施

强化基础保障。离退休工作部门负责牵头核查公司全体离退休老同志信息，为结对服务奠定良好基础。

强化资金保障。充分利用“一元爱心汇”等载体筹措资金，用于离退休老同志的特困帮扶工作，做好资金的定期募集、专项募集、专款专用，在财务部门建立账户和使用台账，由专人负责资金管理，为志愿服务活动的稳定有序开展提供必要的资金支持。

强化激励保障。鼓励探索创新，注重培育特色，及时推广先进典型，激发和调动志愿者的志愿服务热情和动力，吸引和鼓励更多的职工加入敬老志愿服务，保障敬老志愿服务活动可持续推进。

“善小”敬老志愿服务体系的建设和实施，创新了离退休服务模式，丰富了离退休服务手段，有效缓解了社区“接不稳”等实际困难，确保了离退休队伍稳定，为传承优秀企业文化，打造“有温度企业”，推动“双服务、双关爱”落实落地，建设具有中国特色、国际领先的能源互联网企业凝聚了智慧和力量。

案例评析

国有企业退休人员社会化管理，是党中央、国务院作出的重大战略决策，对深化国企改革、提升企业市场竞争力、推进社会治理体系和治理能力现代化，从根本上保障广大国企退休人员合法权益，都具有十分重大和深远的意义。社会化管理后，离退休管理和服务如何实现到位而不越位，对企业的管理智慧和能力是一个考验。“善小·敬老”体系的建立是一个成功的案例，对企业离退休管理而言是机制创新，使退休移交在初期的适应、过渡阶段的融合以及今后常态化运转的连续性上，都能有序衔接、平稳过渡；对在职员工而言，提供了安心暖心的切身感受，从参与“善小”志愿敬老服务活动，到退休以后自身接受服务的过程，都是企业优良传统的传承和发扬，有利于构建和谐企业。

附 录

国有企业党建价值创造理论与实践探索

李作兵　李旭峰

国有企业作为中国特色社会主义的重要物质基础和政治基础，是党执政兴国的重要支柱和依靠力量。国有企业发展史就是一部坚持党的领导、加强党的建设的历史。接过历史的接力棒，国有企业党组织必须努力作为，开拓创新，创造出令人振奋的党建价值，真正激发出推动国有企业发展的引领力和驱动力，为做强做优做大国有企业提供坚强组织保证。

一、只有抓好国企党建，才能稳固中国特色社会主义政治基础

中国共产党是中国工人阶级的先锋队，中国工人阶级是中国共产党的阶级基础。习近平总书记指出，从政治上看，我们党要做到“任凭风浪起，稳坐钓鱼台”，就要有关键时刻听指挥、拉得出，危急时刻冲得上、打得赢的基本队伍。我国国有企业拥有4000多万在岗职工、近80万个党组织、1000多万名党员，是我国工人阶级队伍的骨干力量，是我们

党执政最坚定、最可靠的中坚力量。打造一支听党话、跟党走的国企干部职工必须要靠党建、抓党建、强党建。

创造党建的政治价值，要着力提升思想驱动力，突出党的政治建设和思想建设，逐步将党的政治优势转化为思想驱动力。

把党的领导作为政治原则。要坚决贯彻“两个一以贯之”毫不动摇，发挥党委把方向、管大局、保落实作用，立足全局宏观谋划，把握重点微观着力，不折不扣把党的领导落到实处。要坚持党的建设与企业改革同步谋划、党的组织及工作机构同步设置，实现体制对接、机制对接、制度对接、工作对接。

稳固基层党组织政治根基。加强基层党组织建设，要以提升组织力为重点，突出政治功能。把基层党组织建设成为宣传党的主张、贯彻党的决定、领导基层治理、团结动员群众、推动改革发展的坚强战斗堡垒。要坚持教育、管理、监督、服务相结合，加强对党员的教育管理，并把党性教育作为全体党员的必修课，增强党性教育的政治性、实践性、先进性。

坚决守好意识形态主阵地。守土有责、守土有成，要牢牢把握意识形态领导权。要坚持党管宣传不动摇，唱响主旋律、坚守主阵地、凝聚正能量、发出好声音，为企业发展提供思想保证、精神动力和舆论环境。国有企业思想宣传文化工作应主动发声，向主流舆论靠拢，抢占主流舆论市场，让党的声音在国有企业置顶飘红。

二、只有抓好国企党建，才能坚实中国特色社会主义物质基础

党的事业发展需要坚实的物质基础，社会主义国家政权的巩固需要有力的经济支撑。国有企业特别是中央管理企业，在关系国家安全和国民经济命脉的主要行业和关键领域占据支配地位，是国民经济的重要支

柱。国有企业必须通过加强党的建设，发挥把方向、管大局、保落实的领导作用，坚决当好国民经济的压舱石、民生事业的顶梁柱、急难险重的定心丸、脱贫攻坚的主力军、美丽中国的建设者。

创造党建的经济价值，要着力提高发展牵引力。坚持融入中心、服务大局，推动党建工作与安全生产、经营管理、改革发展同向合力、相融并进，逐步将党的组织优势转化为发展牵引力。

把党的领导融入公司治理。国有企业作为经济社会发展的重要支撑力量，党建工作必须要牢牢把握经济价值取向，把加强党的领导和完善公司治理统一起来，把党的领导融入公司治理各环节，把企业党组织内嵌到公司治理结构之中，明确企业党组织与公司治理结构的权责边界，确保国有企业党委领导作用发挥组织化、制度化、具体化。

让党建与业务深度融合。实现党建引领企业发展，就要以系统思维推动党建工作和业务工作深度融合，围绕企业“价值创造”这个中心和大局，创造性开展党建工作，把党建融入企业产业链、价值链、创新链的各环节各方面，真正为企业生产经营赋能、为企业创新发展护航，促进国有资产保值增值，确保中央经济工作方针和发展战略落实到位。

发挥党员先锋模范作用。党建的作用最终是要体现在党员发挥作用上。要根据企业生产经营业务实际，搭建好党员发挥作用的载体，在重大工程最前线、在急难险重最前沿、为民服务最前端，组建共产党员突击、服务队，设置共产党员责任区、示范岗，常态开展“三亮三比”活动，让党员发挥作用有平台、建功立业有舞台，真正做到“一个党员一面旗”。

三、只要抓好国企党建，就能保证国有企业持续健康快速发展

国企党建的价值在于紧跟时代、与时俱进，把国企党组织的政治优

势与现代企业制度的体制机制融为一体，发挥党建引领作用，激发企业内生动力，以更高政治觉悟和更实的创新智慧抓党建促发展，走出一条具有中国特色的国有企业发展道路。

创造党建的文化价值，要着力增强企业凝聚力。坚持以人为本，全心全意依靠职工群众、关心职工群众，切实增进职工群众的认同感、获得感和成就感，提振精气神，逐步将党的群众工作优势转化为企业凝聚力。

建设企业良好的政治生态。政治生态是党风、政风、公司风气的综合体现，直接决定着企业发展环境的好坏，关系着党的形象和人心向背。国企政治生态的建设要向“延安作风”学习，发挥领导以上率下，身先士卒的作用。一是班子要团结，打造积极向上、分工负责、民主集中的领导合力；二是党委要带头，形成“跟我干，向我看，让我来”的作风，激励、带动全体员工热衷事业、热忱工作，发挥出最大潜能、最大价值，形成心齐、风正、劲足的发展局面，以高质量党建引领企业高质量发展。

不断深化加强民主管理。民主管理是党的政策体现，群众路线是党的基本路线，国有企业只有充分利用广大员工的主动性创造性才能使企业走向成功。在当前国企改革不断深化的形势下，必须围绕改革发展和稳定的大局，构建党委统一领导、党政共同负责、各职能部门齐抓共管、工会组织具体运作实施、职工群众全员参与的领导体制和工作机制，坚持职工代表大会制度，坚持工人阶级的主人翁地位，保障和落实员工当家作主的民主权利，促进企业又好又快发展。

促进企业员工的全面发展。人的因素是企业第一要素；企业竞争，就是人才的竞争，而党建的本质就是做人的工作。因此，国企党建工作的关键在于促进员工的全面发展，培养员工的主人翁精神，充分发挥员工潜力，使全体员工的心、智、力达到理想状态，形成独一无二的文化价值，推动企业发展。

理论和实践都充分证明，党的领导和党的建设，是国有企业强身健体、持续发展的基因密码，是党建价值的源泉所在。新时代国有企业党建价值创造，就是要发挥好党建引领作用，围绕政治价值、经济价值、文化价值的实现，正确履行党赋予的使命和重托，坚定深化国有企业改革，不断发展壮大国有经济，为党的事业夯实“两个基础”提供坚强保证，为实现第二个百年奋斗目标作出新的更大贡献。

后 记

2016年，习近平总书记在全国国有企业党的建设工作会议上发表重要讲话，为开创国有企业改革发展和党的建设新局面提供了根本遵循和行动指南。五年冬去春来、时移物换；五年奋发蹈励、砥志研思。在全国国有企业党的建设工作会议五周年到来之际，《国企党建十一讲》如期出版了！

五年来，国家电网公司坚持党的领导、加强党的建设，大力实施“旗帜领航·三年登高”和“旗帜领航·提质登高”计划；山东省电力公司创新构建“三型一化”现代企业党建工作体系，探索打造党建生态圈。正是有了顶层设计与推动，潍坊供电公司党建工作才完成基础建设、对标管理、创先争优三个环节拾级而上，巩固提升、创新拓展两大任务接续登高，实现了以高质量党建引领企业高质量发展。

这本书，我们从一开始便定位于写“极不平凡的五年”国企党建经验，破解国有企业在这五年里“系统性重塑、根本性转变”的成功密码，阐述新时代为什么抓党建、如何抓党建、抓成什么样的党建，为习近平总书记在国有企业党建工作会议上的讲话精神作出国企实践的注脚，并向中国共产党成立100周年献礼。

为写好这本书，我们耗时一年零五个月，先后集中研讨32次、外出考察学习7次、与10余名业内专家探讨交流，在济南、潍坊、青州、诸城、临朐等文化底蕴丰厚之地封闭撰稿，广泛收集研读各类文献资料近200万字，在30余万字的初稿上，九易其稿，深斟细酌，最终形成了这本书现有的样子。

在写作过程中，我们边学习、边实践、边总结，对国有企业党建工作发展状况开展了深入调研和思考。对于抱着学习姿态而投入学习调研中的我们而言，这一过程加深了我们对国有企业党建工作的认识，也增强了我们写作与研究的底气。我们也越来越投入对国有企业党建工作的研究与探索之中。

囿于时间关系，本书写得有些仓促。一些思考尚显浅薄，对实践经验更谈不上穷尽，很多好的事例也没有来得及深入挖掘，留下了许多遗憾，只能有待来日再弥补。

书中除国网潍坊供电公司的一些实践案例外，也收录了其他国有企业的一些优秀实践案例，这些案例大多摘编于这些企业的官方网站和媒体报道，在此，也向这些作出创新探索的企业表示敬意和感谢！

本书编委会成员主要是国网公司基层骨干党务工作者，李作兵、魏胜启、刘玮、郭延明、李旭峰作为主创人员，既有丰富的理论基础，又是党建工作的行家里手，为写作本书作出了突出贡献。

须特别感谢的是国网潍坊供电公司两任总经理王训杰和李振杰同志对企业党建的高度重视和热情支持，他们身兼党委副书记职责，既是公司党建工作的谋划者、推动者，又是党建与业务深度融合的设计者、实践者。

叶楠、牛娜、伊西娟、白瑞雪、于金标、唐艳萍、宋炳茹、陈灏、张波、王同泉、李响、庞琳、王松、张新伦、王博、王彬、刘晶等，为本书的写作提供了丰富的素材和案例，在此表示感谢！

本书中的插图，采取了手绘加照片相结合的方式，均是公司员工创作。图片拍摄者主要有张强、王晓龙、张昊东、王斌、胡景国、张凯翔等，手绘创作均由阎涛完成，他们的镜头和画笔，让这本书变得更具可读性和观赏性。

文以载道。中国国有企业在这五年党建工作中创造的成就和积累的经验，是构成中国共产党成功密码的重要组成部分，不仅是国企党建研究的学术范畴，更是国有企业走向未来的重要参照。

本书出版之际，正值推动党史学习教育走深走实的过程中。谨以此书，献给波澜壮阔的建党百年历史，也献给已经开启的实现第二个百年奋斗目标新征程。